浙江省哲学社会科学重点研究基地浙江财经大学
地方财政研究院研究成果
浙江省新型高校智库地方财政研究院智库成果

财税激励政策的创新效应研究

王春元　著

ZHEJIANG UNIVERSITY PRESS
浙江大学出版社

·杭州·

图书在版编目（CIP）数据

财税激励政策的创新效应研究 / 王春元著. -- 杭州 ：
浙江大学出版社，2025. 6. -- ISBN 978-7-308-26268-2

Ⅰ. F812.0

中国国家版本馆 CIP 数据核字第 2025GE4162 号

财税激励政策的创新效应研究

王春元　著

责任编辑	张凌静（zlj@zju.edu.cn）
责任校对	殷晓彤
封面设计	周　灵
出版发行	浙江大学出版社
	（杭州市天目山路 148 号　邮政编码 310007）
	（网址：http://www.zjupress.com）
排　　版	杭州立飞图文制作有限公司
印　　刷	浙江新华数码印务有限公司
开　　本	710mm×1000mm　1/16
印　　张	12
字　　数	200 千
版 印 次	2025 年 6 月第 1 版　2025 年 6 月第 1 次印刷
书　　号	ISBN 978-7-308-26268-2
定　　价	68.00 元

前　言

我国历来重视创新在经济社会发展中的重要作用。从"创新是引领发展的第一动力"和"创新驱动发展战略"的提出，到"坚持创新在我国现代化建设全局中的核心地位"，再到"以科技创新引领现代化产业体系建设"，强调"推动产业链供应链优化升级""发展新质生产力"，将创新与产业升级深度融合，无不体现出创新在国家治理中的价值和层级深化。技术创新是经济发展的重要引擎，是提高经济整体竞争力、实现高质量发展的"轮子"之一。提升企业技术创新能力，促进科技成果转化，是深化科技体制改革的重中之重。为切实提升企业技术创新能力，加快发展新质生产力，不仅需要"完善有利于创新的制度环境"，而且需改革破除发展面临的体制机制障碍，最大限度地解放科技生产力。为配合实施国家的创新驱动发展战略，最大限度地支持并激发企业创新积极性，我国现已形成以税收优惠政策为主、财政补贴政策为辅，覆盖创新系统中主要参与主体——企业、高校和研究机构，包括从研发投入、成果转化到引进、消化吸收等所有环节，多元政策工具协同的激励企业技术创新的政策体系。

从政策工具的有效性视角看，财税政策的激励效应不应只体现在单一政策上，更需要加强政策工具创新和协调配合，"确保政策工具同向发力、形成合力"，即产生政策工具的协同效应，从而引导资金流向，发挥杠杆作用，以增强微观主体活力，激活企业蛰伏的发展潜能，让其在科技创新和国内国际市场竞争的第一线奋勇拼搏，实现产业结构转型升级。本书正是以此为突破口，将政府、高等学校（包括公共科研机构）和企业纳入统一分析框架，重视理论模型的经验支撑，用事实说话。通过构建数理模型，综合运用前沿、稳健的实证方法，包括二元 Probit 模型、DID 模型等，利用宏微观层面的数据，评估和测度财税政策工具及其组合的创新效应，并揭示政策工具间的传导机制，总结出优化财政政策的技术路径，力求为政府制定和实施科技财政政策、增强财税政策的技术创新能力提供可靠依据。

本书包括如下七章内容。

第一章，主要是归纳和总结中国技术创新发展历程和阶段，从投入和产出的角度分析比较各地区、各行业以及不同类型企业创新的差异和可能存在的问题。另外，梳理中国政府为激励企业技术创新而出台的财政补贴以及税收优惠政策，总结各类政策工具的特征、目标以及具体措施等，为后续分析研究做好制度和政策上的铺垫和支撑。

第二章，基于企业自选择视角，探讨企业选择与运用不同政策工具（财政补贴和税收优惠）的情形，捕捉企业的决策过程并分析其影响因素，为优化财税政策提供微观层面的参考。利用企业层面的微观调查数据，构建双变量 Probit 模型，分析企业如何选择并运用财政补贴和税收优惠政策工具，揭示其与市场失灵的联系及作用机制。研究表明，财政补贴和税收优惠政策具有较强的互补性，资金充足或融资约束压力小的大企业偏向选择税收优惠政策，融资约束压力大的中小企业偏爱选择财政补贴政策；独占性程度高的企业偏向选择税收优惠政策，相反，若创新产品被迅速模仿和复制，企业预期不会有显著利润流，则趋向选择财政补贴政策。另外，企业的存续状态、区位（高新区）、高新技术属性及人力资本占比均显著影响企业政策选择。

第三章，基于行业视角利用规模以上工业企业数据，分析财政补贴、税收优惠政策及其政策组合对工业企业技术创新的激励效应。研究发现，财政补贴和税收优惠政策对企业技术创新的影响呈现倒 U 形特征，且两者间存在一定的替代关系；政策效应依企业规模、所有权性质而异，其有利于私有企业和小型企业技术创新，而对大中型企业和国有企业具有抑制作用。机制分析表明，两种政策显著增加了行业企业人力资本和研发资本的投入力度，从而促进了企业技术创新；进一步地，财政补贴的创新激励效应还依赖于企业获得的补贴份额及其利用程度，并存在单门槛效应；最后，基于上述结论提出相应的政策建议。

第四章，以加速折旧与加计扣除这两种税收优惠政策为例，从三重协同红利视角探讨政策组合的创新激励效应。理论分析表明，加速折旧政策会激励企业增加固定资产投资，强化加计扣除政策优惠力度，两种政策存在组合与合力的可能。实证结果也显示，加速折旧政策与加计扣除政策不仅分别显著增加了企业研发投入，而且会额外地增加企业研发投入，即存在协同红利的作用事实。相较于资本化研发支出，费用化研发支出的协同红利更加明显。作用机制分析表明，税收优惠政策组合主要通过企业现金流放大、研发设备叠加和研发人员互补这三个渠道实现协同红利。异质性检验发现，对于高所得税税负、高所得税率行业及处于成长期的企业，协同红利更为显著。同时，处于竞争程度较高的行业或市场化程度较高地区的企业，政策组合的协同红利也更显著。进一步分析发现，税收优惠政策组合不仅从投入端，而且从产出端产生协同红利，还带动了企业其他要素的额外投入。本章的研究结论有助于政府进一步理解和重视不同政策间的协调配合，避免政策合成谬误，减少政策效果不确定性，实现高效统筹各类政策协同发力。

第五章，以水平创新的假定及分析框架为基准构建动态数理模型，经济中包括最终产品生产部门、中间产品生产部门、研发部门、家庭和教育部门。政府允许研发部门将研发费用在税前加计扣除，以刺激研发部门加大投资力度和提高创新水平。从部门间关系及推导中发现，企业研发投资水平随研发费用税前加计扣除率增加而递增，但增速递减；同时，在税前加计扣除率不变的前提下，企业适用税率越高，研发投资额也越高。这意味着两种税收优惠政策工具可能会互斥或相互抵消。实证研究中以上市公司为样本，运用双重差分法（DID）证实加计扣除政策与税率优惠政策之间存在互斥的事实。本章的研究结论为政策制定者及企业在选择政策工具时均提供了有益的参考和启示。

第六章，以国外技术引进为突破口，探究国外技术引进税收优惠政策和加计扣除政策对企业研发投入的协同效应。研究发现，技术引进税收优惠政策和加计扣除政策对企业研发投入均具有促进和激励效应，更为重要的是两种税收优惠政策的协同效应更大、激励效应更显著。作用机制分析表明，技术引进税收优惠政策通过"增加"和"挤入"自由现金流来强化加计扣除政策的实施效果，从而使两种优惠政策的协同效应更大。稳健性检验均证明了研究结论是稳健可靠的。异质性分析表明，税收优惠政策协同效应的大小因企业所处生命周期不同阶段、是否为高新技术企业、所有制性质及是否为工业企业等不同因素而体现出差异性。最后，在总结的基础上凝练政策启示。

第七章，基于企业与高校创新相关联的视角，以2007—2017年111所"211"及省部共建高校为研究对象展开研究。研究结果表明，偏向性政府科研资助有助于产学融合。竞争性经费对产学融合具有显著正向促进作用，尤其是"985"高校、"双一流"建设高校及位于东部地区高校的正向促进作用更大；非竞争性经费对产学融合的抑制作用较明显。作用机制分析表明，一方面，竞争性经费以其直接的信号作用促进产学融合；另一方面，经由公开发表的学术论文间接促进产学融合，非竞争性经费对高校科研产出作用不显著。本章基于此提出相应的政策建议。

本书是对本人近10年来科研工作的系统性总结。2015年以来，本人专注于财税政策与企业技术创新之间关系的研究，先后主持并完成了国家社会科学基金项目等省部级及以上科研项目8项，在《科研管理》《科学学研究》等国内重要期刊上发表多篇学术论文，部分成果得到省部级领导的肯定性批示，本人也有幸入选"2024年中国知网高被引学者Top 1%榜单"。基于对该领域问题的持续性研究，本人更加强烈地意识到理解和判断财税政策工具有效性的标准应当是政策工具组合能在技术创新中产生协同效应。这个议题值得关注与研究，它不仅关系到政策的制定与实施，还会对我国科技创新产生深远和持续性影响。正是源于此，本人结合已有成果，聚焦财政补贴与税收优惠政策及其组合的创新效应，以企业和高校为研究主体，从政策工具组合中揭示其作用机制，并在研究发现中凝练政策优化的路径和方向。

本书的撰写过程较为漫长，且充满艰辛，有幸得到了许多领导、同事和朋友的关心、帮助和支持。在此感谢浙江财经大学浙江省哲学社会科学重点研究基地浙江财经大学地方财政研究院首席专家、院长钟晓敏教授，浙江财经大学财政税务学院院长付文林教授、副院长高琳副教授以及占泽英老师给予的无私帮助和鼎力支持；感谢广东财经大学于井远副教授和浙江财经大学张子楠博士在书稿构思及撰写中予以的有益指导和辛勤付出；感谢博士研究生张钠同学和硕士研究生生蔡冲同学为书稿撰写提供文献及数据资料。在此还要特别感谢浙江大学出版社的张凌静老师，从选题申报到文字校对、编辑等都得到了张老师的大力支持，本书最终能付梓出版离不开她的帮助。当然，还要感激家人一直以来的包容、理解和默默付出。

科学研究是个漫长、艰辛且无止境的过程，但在不断的求索中也会有许多惊喜和新发现，这将驱使自己努力寻求答案和解决方法。本书是对既有研究工作的整理和总结，更是开启未来研究征程的起点。

王春元

2025 年 3 月于杭州

目　录

第四章　税基式优惠政策组合与企业技术创新

第五章　税基税率优惠政策组合与企业技术创新

第六章　不同税种优惠与企业技术创新

第七章　财税政策与产学研融合创新

第一章

中国企业技术创新与
财政激励政策

第一节　中国企业技术创新的基本现状

一、中国技术创新的历程

实现高质量发展，必须依靠创新驱动的内涵式增长。世界知识产权组织发布的《2022 年全球创新指数报告》显示，中国的创新指数得分排名在 2022 年位列第 11 位，且在 2012 年到 2022 年这 10 年间稳步提升 23 位。技术创新不是一蹴而就的，而是一个逐步推进、不断积累的历程。中国技术创新大致经历了如下四个阶段[1]。

第一个阶段是 1949—1978 年。新中国成立之初，百废待兴，科技发展水平较低，且面临西方国家的全面技术封锁。党中央发出"向科学进军"的号召，确立"重点发展，迎头赶上"的指导方针，为中国科技事业发展奠定基础并建立较为完整的工业化体系。其间，许多海外优秀学人归国，他们中大多数成为新中国科学技术发展的奠基人或开拓者。新中国第一辆汽车、"两弹一星"、人工合成结晶牛胰岛素等技术成果相继诞生，科研人员数量与研究机构数量显著提高。

第二个阶段是 1978—1998 年。和平与发展是时代的主题，中国的经济也进入高速发展阶段。1978 年 3 月在全国科学大会上，邓小平同志首次提出"科学技术是生产力"的重要论断，党中央确立了"经济建设必须依靠科学技术，科学技术必须面向经济建设"的指导方针，指引中国科技事业迎头赶上并全面提升。科技创新与生产相结合。银河系列巨型计算机相继研制成功，长征系列火箭在技术性能和可靠性方面达到国际先进水平。

第三个阶段是 1998—2006 年。经济全球化不断加速，技术竞争在国际竞争中的地位越来越重要。技术竞争的关键是人才竞争。党的十五大（1997 年）以来，"科教兴国战略"持续被强调，内涵不断丰富，"创新、产业化"也成为各项工作的指导方针。1999 年 1 月，国务院批准《面向 21 世纪教育振兴行动计划》，正式启动高等教育大规模扩招。同年 6 月，国家发展计划委员会和教育部联合发文，将当年高校招生人数从年初计划的 23 万追加至 153 万，增幅达 42%。2001 年 1 月 1 日，中国实现基本普及九年义务教育和基本扫除青壮年文盲的战略目标。这些都为培养未来科技人才打下了坚实的基础。

第四个阶段是 2006 年至今。全球创新要素加速流动且中国传统的粗放式增长方式难以为继，产业亟待转型升级。2006 年发布的《国家中长期科学和技术发展规划纲要（2006—2020 年）》明确将"自主创新、重点跨越、支撑发展、引领未来"作为新时期科技工作的指导方针。2006 年以来，中国在航天、信息、生物等领域实现重大技术突破，多项成果达到国际领先水平。

当前，我国正在强化企业技术创新的主体地位。由于技术创新投入大、回收周期较长且风险较大，这在一定程度上降低了企业创新的意愿。显然，实施有利于企业技术创新的财税政策不仅能直接或间接提高企业的 R&D（研究与试验发展）投入，而且可降低企业创新成本，能有效提高创新主体的创新意愿。

二、中国 R&D 投入的典型事实①

R&D 的中文译文为"研究与试验发展"，简称"研发"。R&D 是指为增加知识存量（也包括有关人类、文化和社会的知识）以及设计已有知识的新应用而进行的创造性、系统性工作，包括基础研究、应用研究和试验发展三种类型。R&D 投入即为用于 R&D 的投入。中国 R&D 投入由直接投入和间接投入两部分构成，其中，直接投入包括政府财政拨款或财政补贴，间接投入则为政府对企业从事研发创新活动给予的税收优惠，或称之为税式支出。本部分主要分析 R&D 投入中的直接投入。

---

① 数据来源：国家统计局网站 https://data.stats.gov.cn/index.htm 和 EPS 统计平台。

（一）中国 R&D 经费投入结构

1. 中央政府与地方政府财政科技拨款

科技发展关乎国计民生，中国政府历来重视科研及其投入。随着经济发展，财政科技拨款量也在不断增加。2012 年国家财政科技拨款为 5600 亿元，到 2022 年该拨款数额已高达 11128 亿元。从图 1-1 可知，2012 年到 2022 年，我国财政科技拨款量总体保持上升趋势（除 2020 年因受新冠疫情冲击较前一年有所下降外）。除此之外，财政科技拨款来源结构也在不断发生改变，地方财政科技拨款占财政拨款总量的比重总体保持上升态势。这表明地方财政科技拨款（对财政科技拨款总额）的贡献度在不断增加。从理论上来讲，技术创新受到知识产权保护带来的短期经济效应主要惠及当地，因而地方财政科技拨款占比提高也是有其合理性的。

值得注意的是，我国区域间发展的不均衡性及地方政府财政收入的差异性，会在较大程度上影响地方财政科技拨款数额，进而可能进一步扩大省际财政科技拨款量的差距，从而导致省际科技创新水平差异的产生。

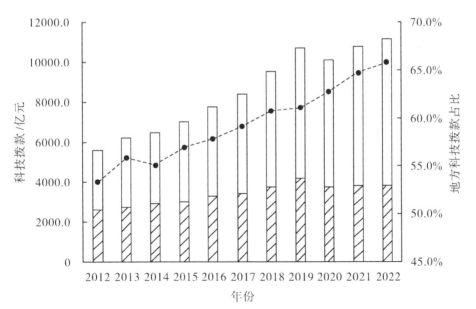

图1-1　财政科技拨款与地方财政科技拨款占比

2. 政府 R&D 投入与企业 R&D 投入

由于新技术能持续提升企业核心竞争力和市场占有率，同时也关乎其生存和发展，企业进行研发创新活动的意愿逐渐增强。从 2019—2022 年 R&D 资金来源结构来看，企业 R&D 投入资金规模最大，占比最高（均高于 75%），且该占比稳步上升。截至 2022 年，企业 R&D 投入资金规模达到 24323.29 亿元，较 2019 年的增长了 44%，其占比高达 79.02%。另外，政府 R&D 投入资金规模虽逐年增加（环比增长率均值约为 4%），但是其占比却呈逐年下降的趋势，由 2019 年的 20.49% 降至 2022 年的 17.77%（见表 1-1）。上述事实表明，企业已然成为我国技术创新领域的绝对主体，政府则主要起到支持和配合作用（政府 R&D 投入资金占比始终居于第二位）。

表1-1 2019—2022年R&D资金来源结构

资金来源	2019 年		2020 年		2021 年		2022 年	
	绝对值 /亿元	占比 /%	绝对值 /亿元	占比 /%	绝对值 /亿元	占比 /%	绝对值 /亿元	占比 /%
政府资金	4537.31	20.49	4825.56	19.78	5299.66	18.96	5470.94	17.77
企业资金	16887.15	76.26	18895.03	77.46	21808.80	78.01	24323.29	79.02
国外资金	23.91	0.11	90.07	0.37	58.38	0.21	52.73	0.17
其他资金	695.21	3.14	582.46	2.39	789.47	2.82	935.92	3.04

（二）分地区 R&D 投入情况

如图 1-2 所示，2003—2022 年不论是 R&D 投入的绝对量还是其占比，东部地区均最高。不仅如此，东部地区 R&D 投入占全部的比重始终在 70.00% 左右，其中 2007 年占比最高（约为 72.80%）。中部地区绝对值和占比均略高于西部地区。由图 1-3 可以看出，R&D 资金来源主要以企业投入为主，且呈逐年上升态势。其中，中部地区较高，占 75.00% ~ 85.00%；西部地区最低，但也在 60.00% 左右［见图 1-3（a）］。西部地区政府投入资金占比最高（如 2009 年高达 42%），但是三大地区该比重逐年下降，到 2022 年西部地区降至 27.00%，东部地区降至 16.70%，中部地区降至 13.40%，均降至最低值［见图 1-3（b）］。这与全国的情形基本一致。这也意味着，一方面，东部地区已然成为中国技术创新的中心，也是最具活力的地区；另一方面，政府对企业技术创新的直接资助正逐步降低，改用更具市场导向性的税收优惠政策予以激励。

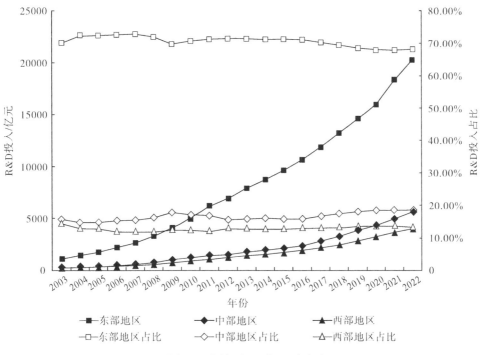

图1-2　分地区R&D投入及占比

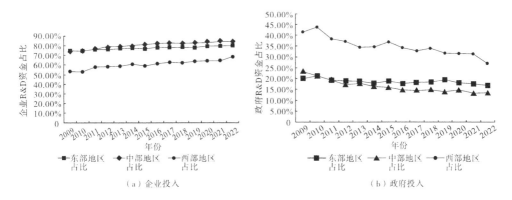

（a）企业投入　　　　　　　　（b）政府投入

图1-3　分地区R&D资金来源比重

（三）分行业 R&D 投入

2018—2021 年中国规模以上制造业企业中①，计算机、通信和其他电子设备、电气机械和器材、汽车、通用设备、化学原料和化学制品、黑色金属冶炼和压延加工业以及医药制造业等七大行业 R&D 投入的总和所占（全部规模以上工业制造业企业）R&D 投入的比重超过 62%，其中计算机、通信和其他电子设备制造业企业 R&D 投入占比均超过 17%，2021 年该比重达到 20.64%（见图 1-4）。

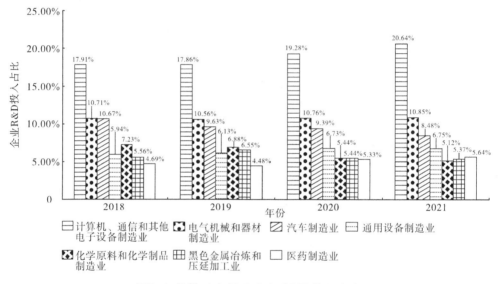

图1-4 规模以上制造业企业R&D投入占比

计算机、通信和其他电子设备制造业规模总量大、产业链条长、涉及领域广，是稳定工业经济增长的重要领域，在扩大有效需求、稳定外贸基本盘以及提升行业供给水平等方面均发挥着不可替代的关键作用。该行业具备的大量 R&D 投入以及积极活跃的创新潜力和动力，将对拉动 GDP 增长具有至关重要的作用。工业和信息化部、

---

① 由于国民经济行业分类经过多次调整和变动，部分行业变动较大，存在不可比性等问题，这里仅以《国民经济行业分类》（GB/T 4754—2017）标准分析规模以上工业制造业企业 R&D 投入情况。

财政部联合印发的《电子信息制造业 2023—2024 年稳增长行动方案》提出，2023—2024 年计算机、通信和其他电子设备制造业增加值平均增速为 5%，电子信息制造业规模以上企业营业收入突破 24 万亿元。这凸显出该行业在国民经济发展中的重要价值以及国家对其的倚重程度。

三、中国技术创新产出的典型事实

专利作为测量创新的指标，被广泛运用在学术研究中。专利是专利权的简称，它是由专利机构依据发明申请所颁发的一种文件。这种文件叙述发明的内容，并且产生一种法律状态，即获得专利的发明在一般情况下只有得到专利所有人的许可才能利用（包括制造、使用、销售和进口等），专利的保护有时间和地域上的限制。中国专利法将专利分为三种，即发明、实用新型和外观设计。专利的两个最基本的特征就是"独占"与"公开"。

按照《中华人民共和国专利法》（2020 年 10 月 17 日第十三届全国人民代表大会常务委员会第二十二次会议通过）的定义，发明专利是指对产品、方法或者其改进所提出的新的技术方案。发明专利并不要求它是经过实践证明可以直接应用于工业生产的技术成果，它可以是一项解决技术问题的方案或是一种构思，具有在工业上应用的可能性，但这也不能将这种技术方案或构思与单纯地提出课题、设想相混同，因单纯地提出课题、设想不具备工业上应用的可能性。

实用新型专利是指对产品的形状、构造或者其结合所提出的实用的新的技术方案。同发明专利一样，实用新型专利保护的也是一个技术方案。但实用新型专利保护的范围较窄，它只保护一定形状或结构的新产品，不保护方法以及没有固定形状的物质。实用新型专利的技术方案更注重实用性，其技术水平较发明而言要低一些，多数国家实用新型专利保护的都是比较简单的、改进性的技术发明，可以称为"小发明"。

外观设计专利是指对产品的形状、图案或其结合以及色彩与形状、图案的结合所作出的富有美感并适于工业应用的新设计。授予专利权的外观设计，应当不属于现有设计；也没有任何单位或者个人就同样的外观设计在申请日以前向国务院专利行政部门提出过申请并记载在申请日以后公告的专利文件中，授予专利权的外观设计与现有设计或现有设计特征的组合相比，应当具有明显区别，以及授予专利权的外观设计不得与他人在申请日以前已经取得的合法权利相冲突。

（一）创新总量及结构

如图 1-5 所示，2003—2022 年中国专利申请总量呈逐年上升趋势，由 2003 年的 308487 件增加到 2022 年的 5364639 件，20 年间专利申请总量增长约 16 倍。从发明专利、实用新型专利以及外观设计专利的占比情况看，2003—2022 年发明专利和外观设计专利整体呈下降趋势，实用新型专利则表现为较显著的上升趋势。发明专利在三种专利中的技术含量最高，能够体现专利的水平，也体现研发成果的市场价值和竞争力，是最能反映专利质量的关键指标。因此，若以发明专利作为高质量创新，实用新型专利和外观设计专利则为较低质量创新。那么，2003—2022 年中国高质量创新占比约为 34.5%，较低质量创新占比则高达 65.5%。这表明中国整体创新质量还处于较低水平，上升空间和潜力都较大。

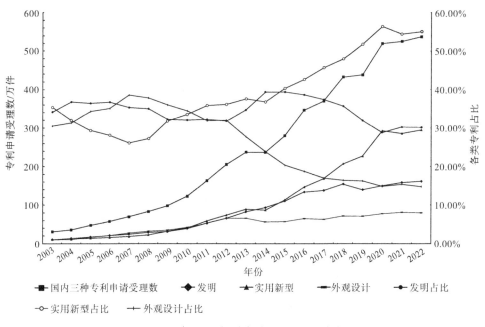

图1-5 国内三种专利申请受理数及其占比

从三种专利的环比增长率（2003—2022 年）看，实用新型专利增速最快，环比增长率均值约为 20%，发明专利环比增长率均值约为 16%，外观设计专利环比增长率均值约为 13%。年发明专利授权数呈逐年上升趋势。这一指标也再次印证中国创新质量还有待提高。

因此，当前中国创新确实存在"虽数量较多但质量不足"的情况。

（二）地区创新总量及结构

从专利总量来看，2004—2022 年东部地区专利申请总量是中部和西部地区专利申请总量之和的 2.0 ~ 3.7 倍，其中 2007 年东部地区专利申请总量和西部地区专利申请总量的差距最大，东部地区专利申请总量为中部和西部地区专利申请总量之和的 3.7 倍［见图 1-6（a）］。从专利结构来看，东部地区发明专利申请总量、实用新型专利申请总量及外观设计专利申请总量均最多，并且明显高于中部地区和西部地区的，甚至高于中部地区和西部地区总量之和；中部地区和西部地区的三种专利申请总量，尤其是实用新型专利申请总量和外观设计专利申请总量，其差异（标准差）均较小，然而在此期间的较多年份里，中部地区的三种专利申请总量高于西部地区的［见图 1-6（b）~（d）］。上述数据表明，中国技术创新数量和质量主要以东部地区为主，在中国，东部地区是创新最具活力和影响力的地区。

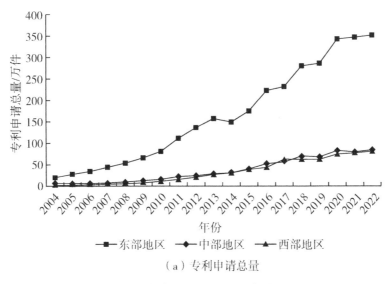

（a）专利申请总量

图1-6　东中西部地区专利申请数

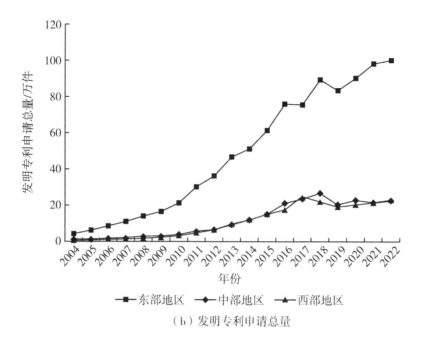

（b）发明专利申请总量

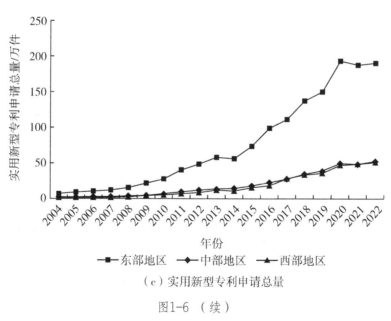

（c）实用新型专利申请总量

图1-6 （续）

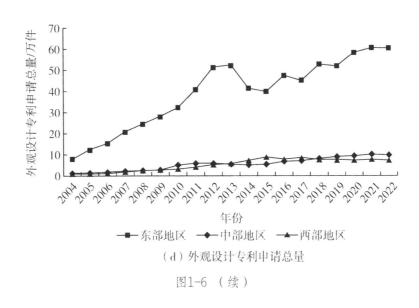

（d）外观设计专利申请总量

图1-6　（续）

（三）分行业专利申请情况

如表1-2所示，从分行业规模以上工业企业专利申请数来看，2011—2022年通用设备制造业、专用设备制造业、电气机械及器材制造业和通信设备、计算机及其他电子设备制造业企业的专利申请数量最大，四大行业企业专利申请数占全部规模以上工业企业的50%以上，其中2022年尤以通信设备、计算机及其他电子设备制造业企业为最高，其占比高达约18%，其次为电气机械及器材制造业，其占比约为14%（根据表中数据计算而来）。

表1-2　规模以上工业企业分行业专利申请数　　　　单位：件

行业	2011年	2012年	2013年	2014年	2015年	2016年	2017年	2018年	2019年	2020年	2021年	2022年
煤炭开采和洗选业	1917	2372	2857	2549	2951	2399	3179	3769	3547	4970	5616	5966
石油和天然气开采业	2337	2129	2628	2467	2725	2950	3140	4196	4069	3907	3890	4582
黑色金属矿采选业	301	547	588	663	762	699	428	643	705	1064	1358	1434
有色金属矿采选业	193	204	254	246	408	425	509	705	1030	1308	1446	1645

续表

行业	2011年	2012年	2013年	2014年	2015年	2016年	2017年	2018年	2019年	2020年	2021年	2022年
非金属矿采选业	145	273	387	418	426	503	456	602	702	942	1409	1379
农副食品加工业	4350	5927	7344	8449	9074	10066	10966	11774	11441	14147	16987	17421
食品制造业	3870	4716	5421	6180	6677	7673	8293	9227	9989	12547	14326	14856
烟草制品业	1145	1581	2634	2257	3110	3318	3557	4763	4940	6348	7659	7671
纺织业	12711	12082	11457	12712	17017	13777	12667	18239	16410	18905	20382	20981
木材加工及木、竹、藤、棕、草制品业	1914	2442	2603	2467	2950	3124	3375	4112	4388	4825	5552	5805
家具制造业	3298	3897	4826	5009	9181	10629	10064	11064	11928	14562	16098	17385
造纸及纸制品业	2243	3445	3278	4351	3982	5008	5184	6841	8002	9895	10632	10597
印刷业和记录媒介的复制	1281	1970	2867	3117	3303	3702	5081	6356	7392	9006	11117	11074
石油加工、炼焦及核燃料加工业	1055	1441	1600	2078	1912	1805	2682	2884	3277	4243	4400	5102
化学原料及化学制品制造业	18436	23143	27165	30482	28778	34739	39389	42545	43817	52887	58355	63393
医药制造业	11115	14976	17124	19354	16020	17785	19878	21698	23400	29107	31497	33128
化学纤维制造业	2231	2142	3177	3083	2379	2753	2526	3126	3290	3944	4396	4726
非金属矿物制品业	9136	11711	15369	16627	16243	18777	24215	30385	35527	48345	55011	59760
黑色金属冶炼及压延加	8381	12112	13874	15419	14085	13262	14784	14303	17474	19605	21528	25188
有色金属冶炼及压延加工业	6519	8026	9022	9820	10146	11173	13324	14259	15599	18276	20889	24027
金属制品业	12699	16722	18318	19564	22003	24978	29243	38868	46181	56941	65860	68451

续表

行业	2011年	2012年	2013年	2014年	2015年	2016年	2017年	2018年	2019年	2020年	2021年	2022年
通用设备制造业	33060	42136	49305	53169	52898	60198	64164	78960	95039	110510	124056	133815
专用设备制造业	32022	43050	53037	54607	52288	57906	68462	81540	94361	113454	130523	139394
电气机械及器材制造业	57713	74811	78154	92954	92865	113140	136915	152766	157224	183963	198905	217105
通信设备、计算机及其他电子设备制造业	71890	82406	88960	103504	100785	118725	145303	179405	204836	224990	254906	273381
电力、热力的生产和供应业	6716	13515	17537	20068	20735	20065	19914	28463	27165	31939	41342	43530
燃气生产和供应业	63	105	84	260	195	202	432	637	814	1118	1266	1387
水的生产和供应业	197	283	294	361	271	459	488	842	1135	1666	2042	2130
总和	386075	489945	560918	630561	638513	715397	817037	957298	1059808	1243927	1403611	1507296

第二节　我国的财税激励政策

2016年5月，由中共中央、国务院发布的《国家创新驱动发展战略纲要》明确指出，实现创新驱动是一个系统性变革，要坚持双轮驱动。双轮驱动就是科技创新和体制机制创新两个轮子相互协调、持续发力。对于具有正外部性的技术创新而言，我国的财政补贴与税收优惠政策具有提高技术创新投入与引导技术创新方向的作用，同时也在不断优化和创新，以更好地发挥激励作用。

一、与我国科技体制改革协调配合

（一）改革开放初期的财税激励政策的雏形

1978 年 3 月，邓小平同志在全国科学大会开幕式上的讲话中提出"科学技术是生产力""知识分子是工人阶级的一部分""四个现代化，关键是科学技术的现代化"①，这三个重要论断明确了我国未来科技体制改革的方向，也奏响了改革开放的先声。全国科学大会上通过的《1978—1985 年全国科学技术发展规划纲要（草案）》明确规定建立国家科学奖励制度，要求对于在经济建设和国防建设上有显著效益或在科学理论上有显著贡献的科学技术成果，给予不同级别的奖励。由于当时正处于计划经济向市场经济的过渡时期，对科技创新着重于广义的奖励而非具体区分财政补贴与税收优惠政策。

1985 年 3 月 13 日，《中共中央关于科学技术体制改革的决定》发布，该决定的根本目的在于充分发挥科技人员作用，使科技成果迅速广泛地应用于生产，大大解放科学技术生产力，促进经济和社会发展。该决定确立了"经济建设必须依靠科学技术、科学技术工作必须面向经济建设"的战略方针，对科学技术的运行机制、组织结构以及人事制度等方面的问题提出了较为具体的原则和指导意见 [2]。相应地，该决定对与之配套的财政补贴和税收优惠政策做出了较为初步且具体的要求。财政补贴包括中央财政和地方财政的科学技术拨款，在此后一定时期内，应以高于财政经常性收入增长的速度逐步增加；税收优惠政策则包括转让技术成果的收入近期一律免税、新产品可在一定期限内享受减免税收的优惠等。

（二）财税激励政策逐步成熟和完善

随着 1993 年《中华人民共和国科学技术进步法》的通过与实施，中国对科学技术的奖励开始有法可依。该法规定"企业的技术开发费按实际发生额计入成本费用"。此举使得即使研发失败，研发的投入也不会成为沉没成本，因为研发的投入能够计入成本费用从而减少企业所得税。1995 年 5 月，中共中央、国务院印发《关于加速

---

① 邓小平.邓小平文选：第二卷 [M].北京：人民出版社，1994 年版第 312 页。

科技进步的决定》，正式提出科教兴国战略，决定按照"稳住一头，放开一片"①的方针优化科技系统结构。因此，该决定强调企业是技术创新主体和投入主体，各级政府应当"运用经济杠杆和政策手段，引导、鼓励各类企业增加科技投入，使其逐步成为科技投入的主体"，同时"在各项投入中增加用于科技的投入比重"，且"各级政府、各部门在用于农业综合开发、重点建设项目经费中，要划出一定数量的资金，用于解决相应的科技问题"。在税收优惠方面，则重点要求"国家对高技术及产品给予出口退税政策支持"。1996 年实施的《中华人民共和国促进科技成果转化法》和 1999 年 8 月中共中央、国务院印发的《关于加强技术创新，发展高科技、实现产业化的决定》提出，应通过深化改革，从根本上形成有利于科技成果转化的体制和机制，积极推动应用型科研机构和设计单位实行企业化转制，大力促进科技型企业发展。同时，上述文件对财政支持和激励政策做出了较为具体的要求。要求各级政府"财政对科技的投入方式，由对科研机构、科技人员的一般支持，改变为以项目为主的重点支持；国家科研计划实行课题制，大力推行项目招投标和中介评估制度；建立科技型中小企业技术创新基金，为高新技术成果转化活动提供资金支持"。在税收优惠政策方面，要求如下："对技术转让、技术开发和与之相关的技术咨询、技术服务的收入，免征营业税。对开发生产软件产品的企业，其软件产品可按 6% 的征收率计算缴纳增值税，制定对软件销售企业的扶持政策，软件开发生产企业的工资支出可按实际发生额在企业所得税税前扣除。对高新技术产品的出口，实行增值税零税率政策。对国内没有的先进技术和设备的进口实行税收扶持政策。"

2006 年 1 月，中共中央、国务院印发《关于实施科技规划纲要增强自主创新能力的决定》，为抓住和用好 21 世纪头 20 年发展的重要战略机遇期，组织实施《国家中长期科学和技术发展规划纲要（2006—2020 年）》（以下简称《规划纲要》），

---

① 所谓"稳住一头"即以政府投入为主，稳住少数重点科研院所和高等学校的科研机构，保持一支精干的高水平科研队伍，从事基础性研究、有关国家整体利益和长远利益的应用研究、高技术研究、社会公益性研究和重大科技攻关活动。"放开一片"则是放开、搞活与经济建设密切相关的技术开发和技术服务机构，将绝大多数技术开发和技术服务机构逐步由事业法人转变为企业法人，使其以多种形式、多种渠道与经济结合。

增强自主创新能力，努力建设创新型国家，其关键在于"强化企业在技术创新中的主体地位，建立以企业为主体、市场为导向、产学研相结合的技术创新体系"。《规划纲要》对财政科技投入提出较为明确和具体的要求，即各级政府应"加大财政科技投入力度，确保财政科技投入增幅明显高于财政经常性收入增幅，形成多元化、多渠道、高效率的科技投入体系，使全社会研究开发投入占国内生产总值的比例逐年提高"；同时，要求对涉及企业技术创新的税收优惠政策应更加系统和完善，进一步提高企业的税收优惠，即"推进增值税转型改革，统一各类企业税收制度，加大对企业研究开发投入的税收激励"。

2008年7月，科学技术部、财政部、国家税务总局联合印发《高新技术企业认定管理工作指引》，这标志着技术进步与财政政策结合更加紧密。该文件明确了高新技术企业认定管理工作中各相关单位的职责，确定企业研究开发活动及费用归集标准，明晰各指标内涵及其测度方法，尤其是对依法享受企业所得税定期减免税做出了具体规定，即对原依法享受企业所得税定期减免税优惠未期满的高新技术企业，可依照《国务院关于实施企业所得税过渡优惠政策的通知》（国发〔2007〕39号）的有关规定执行。2008年1月1日正式实施的《中华人民共和国企业所得税法》已经规定了"符合条件的小型微利企业，减按20%的税率征收企业所得税""国家需要重点扶持的高新技术企业，减按15%的税率征收企业所得税""企业的开发新技术、新产品、新工艺发生的研究开发费用，可以在计算应纳税所得额时加计扣除"。

（三）新时期财税激励企业技术创新政策更加全面和系统化

党的十八大以来，以习近平同志为核心的党中央始终坚持将创新作为引领发展的第一动力，把科技创新置于国家发展战略全局的核心位置，把科技自立自强作为国家发展的战略支撑，统筹实施科教兴国战略、人才强国战略和创新驱动发展战略，并为此做出一系列重要决策部署，推动科技创新重点领域和关键环节改革取得新的重大突破。

2013年1月，中共中央、国务院在《关于强化企业技术创新主体地位全面提升企业创新能力的意见》（国办发〔2013〕8号）中明确指出，企业应真正成为创新决策、研发投入、科研组织和成果应用的主体。因此，在税收优惠政策方面应"完善和落实企业研发费用税前加计扣除政策，加大企业研发设备加速折旧政策的落实力度""完善高新技术企业认定办法，落实税收优惠政策"。2013 年 11 月，党的十八届三中全会审议通过《中共中央关于全面深化改革若干重大问题的决定》，部署了"深化科技体制改革"的九项任务，强化企业技术创新主体地位，建立产学研协同创新机制，鼓励原始创新、集成创新、引进消化吸收再创新的体制机制。

2015 年 3 月，中共中央、国务院《关于深化体制机制改革加快实施创新驱动发展战略的若干意见》出台，从八大方面 30 个领域推动创新驱动发展战略落地，到 2020 年基本形成适应创新驱动发展要求的制度环境和法律政策体系，为进入创新型国家行列提供有力保障。在财政支持方面，明确"更多运用财政后补助、间接投入等方式，支持企业自主决策、先行投入，开展重大产业关键共性技术、装备和标准的研发攻关"。提高普惠性税收优惠力度，"坚持结构性减税方向，逐步将国家对企业技术创新的投入方式转变为以普惠性财税政策为主"。"统筹研究企业所得税加计扣除政策，完善企业研发费用计核方法，调整目录管理方式，扩大研发费用加计扣除优惠政策适用范围。完善高新技术企业认定办法，重点鼓励中小企业加大研发力度。"2015 年 9 月，中共中央办公厅、国务院办公厅印发《深化科技体制改革实施方案》，部署到 2020 年要完成的十大方面 143 项改革任务，并再次明确坚持结构性减税方向，统筹研究并运用好企业所得税加计扣除政策。

2021 年 11 月，中央全面深化改革委员会审议通过《科技体制改革三年攻坚方案（2021—2023 年）》，目的是从体制机制上增强科技创新和应急应变能力，加快建立保障高水平科技自立自强的制度体系，提升科技创新体系化能力。优化科技力量结构，发挥企业在科技创新中的主体作用，推动形成科技、产业、金融良性循环，加速推进科技成果转化应用。2022 年 8 月，科技部财政部联合印发《企业技术创新能力提升行动方案（2022—2023 年）》（国科发〔2022〕220 号），将推动惠企创新政策扎实落地作为"第一行动方案"，其中首要的是推动研发费用加计扣除、高新技术企业税收优惠、科技创业孵化载体税收优惠、技术交易税收优惠等普惠性政策"应享尽享"。

党的十八大以来，我国不仅将科技创新作为国家重大战略任务进行部署，而且建立了较为完善的科技创新体系，更加突出地强调了企业在技术创新中的主体地位。为此，更具市场导向性的税收优惠政策得以优化并扎实落地，这涉及企业研发投入、成果转化、技术引进吸收等方方面面，形成了较为完善的惠企税收优惠体系。在财政支持方面，不仅强调了财政科技投入的稳定性和增长性，而且更加明确财政补贴的针对性和绩效性。因此，新时期财政激励企业技术创新的政策更具全面性和系统性。

二、财税激励政策工具持续优化并协同配合

激励我国企业技术创新的财税政策体系从"直接优惠为主，间接优惠为辅"逐步转向"多元政策工具协同"，形成两大类政策工具。

（一）财政补贴类激励工具①

财政补贴政策工具主要通过专项资金、创新券等直接投入支持企业研发，覆盖研发阶段和产业化阶段。这类政策工具比较灵活，形式也较为多样化。其目的在于降低企业研发成本，是与企业课税情况无关的一种融资资助，但必须向政府相关部门提出申请并得到批准后方可获得。当然，财政补贴最终能否获取取决于项目的创新内容、技术能力和潜在市场等因素。政府可能对某些产业或创新项目存在特殊偏好，例如它可能考虑项目的预期溢出效应，或者企业面临的融资约束。因此，财政补贴类工具具有一定的遴选条件和较为复杂的申请程序，但是可能具有一定的标签和信号作用，体现政府对项目的社会价值以及长期发展战略的考虑。就我国目前的实际情况来看，财政补贴类激励工具主要包括国家级财政专项补贴和地方政府创新性补贴两种。

1. 中央财政专项补贴

这是中央政府基于国家整体发展大局，通过财政资金转移支付手段定向支持企业核心技术攻关与产业化应用，其本质是政府矫正市场失灵的创新干预机制。该政策工具聚焦国家战略性新兴产业领域，通过"揭榜挂帅""定向委托"等机制实现资金配置。发挥科技创新举国体制的重大优势，通过这种财政补贴撬动社会资本，

---

① 本部分内容根据财政部、科技部等其他中央部委以及各地方政府出台的相关政策措施整理并进行必要的分类而成，部分类型的补贴政策可能存在重复和交叠的内容。

实现国家长期和高质量发展目标。具体包括专项研发资金补助和产业投资基金直投两大类。

（1）专项研发资金补助

该补助资金主要包括以下几类：科技型中小企业创新基金，中央财政每年安排30亿元，支持企业研发项目（国办发〔2012〕18号），重点支持新一代信息技术、生物医药、高端装备等；国家重大科技专项配套补贴，针对集成电路、大飞机等专项，地方财政按中央财政投入的20%～50%配套（财教〔2016〕112号）；"揭榜挂帅"专项补贴，主要面向"卡脖子"技术，实行"赛马制"竞争性分配，单个项目最高补助2亿元（国科发资〔2021〕49号）。

（2）产业投资基金直投

在中央层面设立国家级产业基金直接投资国家级战略性新兴产业等。例如，2015年成立国家新兴产业创业投资引导基金，规模为400亿元，重点投资领域为生物医药、半导体等。2020年成立国家级战略性新兴产业发展基金，规模高达2000亿元，主要投资新能源、人工智能等领域。中小企业发展基金（国家层面）成立于2022年，规模为1000亿元，重点投资领域为专精特新和工业母机。

2. 地方政府创新性补贴

这是地方政府为支持和激励辖区内企业开展技术研发、成果转化及产业化应用，通过财政补贴资金划拨等形式实施的定向经济补偿机制。其本质为地方政府基于地方资源禀赋、产业基础及创新生态系统特征而设计的区域创新系统的政府干预工具，具有显著的空间异质性特征。这属于供给侧直接激励工具，作用于中观区域范畴，用以破解区域创新体系的市场失灵，培育地方战略性新兴产业竞争力。

地方政府创新性补贴主要包括以下5种方式。

（1）研发投入后补助。这是基于企业研发投入增量实施的绩效导向型补贴，主要针对基础性技术攻关项目或企业。如湖南省建立"研发准备金备案制"，按照增量的8%～12%分级补助，并配套"负面清单＋白名单"动态管理机制。2024年湖南省单家企业最高补助额度达1000万元。

（2）首台套保险补偿。2015年试点时，对首台（套）装备保费补贴80%（财建

〔2015〕19号）。2018年补贴范围扩大至新材料、新能源装备，重大技术装备保费补贴提升至90%，单个企业年度上限2000万元（工信部联财〔2018〕45号）。2023年将人工智能算法首次商业化应用纳入补偿范围（发改高技〔2023〕567号）。

（3）创新券通用工具。这是以电子凭证形式发放的服务购买补贴工具，突破传统财政资金拨付方式限制。这主要用于支持中小微企业技术创新，实现区域创新协同生态构建等。该政策于2012—2015年在北京、上海、浙江等9省市试点，适用限额为单个企业年度50万元，兑付率平均72%（数据来源：《科技部创新券试点评估报告2015》）。2016—2020年为扩容期，覆盖29个省（区、市），2020年电子创新券上线，新冠疫情期间兑付周期缩短至15天。2021—2024年为升级期，长三角、京津冀地区实现创新券互认（国办发〔2021〕35号），支持范围扩展至将AI大模型训练、量子计算等纳入补贴。江苏省2023年发放创新券12.7亿元，带动企业研发投入84亿元，杠杆效应达6.6倍。深圳市于2024年设立"专精特新创新券"，单家企业最高补贴500万元。另外，各地也在积极探索改进新模式并进行一定的政策突破，例如长三角地区已经建立区域创新券互认机制。海南自贸试验区试点"跨境创新券"，允许购买境外研发服务，2024年海南创新券资金池规模突破20亿元。

（4）科技贷款贴息。2012—2017年对科技型中小企业贷款按基准利率的50%贴息（财金〔2012〕56号）。2018—2022年根据企业研发投入情况进行分档贴息，对研发投入占比5%以上的企业贴息70%，对其他企业则贴息50%。2023—2024年贴息政策进一步升级，对氢能、储能技术贷款实行零利率贴息（财建〔2023〕88号）。根据2024年中国人民银行的统计数据，企业实际融资成本占比从6.5%降至3.2%，2024年科技贷款不良率仅为1.3%，低于银行平均水平2.8%。

（5）政府采购定向支持。根据2019年《政府采购促进中小企业发展管理办法》要求预留预算30%给中小企业，2024年该办法修订版将"专精特新"企业份额提升至40%（财政部令第110号）。中小企业参与竞标可获6%～10%的价格扣除，首台（套）装备额外加3%。

不同政策工具杠杆效应、精准性、政策成本等还是存在一定差异的。其中，长三角、珠三角和京津冀地区制定并实施了较具地方特色的补贴政策①。

（二）税收优惠类政策

税收优惠类政策主要包括税率式优惠政策和税基式优惠政策两种。

1. 税率式优惠政策

该政策主要是针对高新技术企业进行所得税优惠。按照《中华人民共和国企业所得税法》第28条的规定，高新技术企业按照15%的优惠税率征收企业所得税。2016—2018年优惠税率的征收范围扩展至中关村、张江等自主创新示范区（财税〔2016〕178号）。2019年以后，国务院将制造业领域高新技术企业研发强度门槛由3.0%降至2.5%（国发〔2021〕12号），2024年对集成电路、生物医药领域高新技术企业实行"两免三减半"叠加优惠。根据财政部《2023年中国财政政策执行情况报告》中的数据，截至2023年底，我国高新技术企业超过40万家，年均减免税额超过3000亿元。

2. 税基式优惠政策

我国目前的税基式优惠政策主要以研发费用税前加计扣除政策为主。

1996年，财政部、国家税务总局为了贯彻落实《中共中央、国务院关于加速科学技术进步的决定》，积极推进经济增长方式的转变，提高企业经济效应，联合下发了《财政部国家税务总局关于促进企业技术进步有关财务问题的通知》（财工字〔1996〕41号），首次就研发费用税前加计扣除问题进行了明确：国有、集体企业研究开发新产品、新技术、新工艺所发生的各项费用，增长幅度在10%以上的，经主管机关审核批准，可按实际发生额的50%抵扣应纳税所得额。随后，《国家税务总局关于促进企业技术进步有关税收问题的补充通知》（国税发〔1996〕152号）对

---

① 上海市于2024年推出"链主企业协同创新补贴"，对牵头组建创新联合体的企业给予最高亿元奖励；浙江省的"尖峰计划"上限为1亿元，2024年"未来工厂2.0"补助提至35%（上限2亿元）；江苏省实行"研发投入增量补贴"，对年度研发费用增长20%以上的企业补贴增量10%；广东省于2022年实施"链主计划"，2024年设立"大湾区半导体基金"（300亿元）；北京市2023年设立"独角兽企业上市培育基金"，规模为50亿元；天津市对海河实验室成果转化项目给予1∶1配套补贴。

相关政策执行口径进行了细化。2003—2007年，研发费用税前加计扣除政策扩展至所有财务制度健全、实行查账征收的居民企业，外资企业也纳入适用范围。2008年《中华人民共和国企业所得税法》以法律形式对该政策予以确认，明确研发费用未形成无形资产的可以按150%加计扣除，形成无形资产的按150%摊销。2015—2022年加计扣除比例进一步提升并优化。2015年研发费用税前加计扣除比例统一提高至50%，2017年科技型中小企业比例提至75%，2022年制造业企业税前加计扣除比例从75%提高至100%，并允许预缴时享受上半年优惠。2023年国务院明确将所有符合条件行业企业（负面清单企业除外）税前加计扣除比例提高至100%，并作为一项制度性安排长期实施。国家税务总局与财政部联合印发《关于进一步完善研发费用税前加计扣除政策的公告》（2023年第7号），对具体政策予以明确。

适用加计扣除的研发费用具体包括人员人工费用、直接投入费用、折旧费用、无形资产摊销、新产品设计费、新工艺规程制定费、新药研制的临床试验费、勘探开发技术的现场试验费和其他相关费用等，其中其他相关费用采取限额扣除的方式抵扣。人员人工费用包括直接从事研发活动人员的工资薪金、基本养老保险费、基本医疗保险费、失业保险费、工伤保险费、生育保险费和住房公积金，以及外聘研发人员的劳务费用，但是职工福利费、补充养老保险、补充医疗保险不属于人员人工费用，应按《国家税务总局关于研发费用税前加计扣除归集范围有关问题的公告》（2017年第40号）的规定列入其他相关费用，并采取限额扣除的方式抵扣。

2023年全国共有62.9万户企业享受研发费用税前加计扣除政策，全年加计扣除金额达3.45万亿元，覆盖高新技术、民营及重点行业企业。其中，高新技术企业40.5万户，加计扣除金额2.83万亿元，同比增长15.1%，户均金额为非高新技术企业的2.5倍。民营企业扣除金额2.59万亿元，同比增长12.5%，占全部企业加计扣除金额的75%。

另外，居民企业转让专利技术、计算机软件著作权、集成电路布图设计权等，可以享受企业所得税减免优惠，同时为纳税人提供技术转让、技术开发及与之相关的技术咨询、技术服务，免征增值税（具体规定见国税函〔2009〕212号、财税〔2010〕111号及国家税务总局公告2013年第62号）。纳税人引进技术并签订技

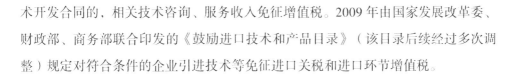

术开发合同的，相关技术咨询、服务收入免征增值税。2009年由国家发展改革委、财政部、商务部联合印发的《鼓励进口技术和产品目录》（该目录后续经过多次调整）规定对符合条件的企业引进技术等免征进口关税和进口环节增值税。

三、覆盖创新系统中重要主体和环节

在整个创新系统中，企业是最具市场活力的创新主体，高校和科研机构则是知识创新的源头，其开展基础研究和前沿技术探索，产出原创性科学理论与技术创新。企业和高校及科研机构的产学研深度融合有助于攻克技术难题，提高创新产出和效率。在此系统中，政府通过财政拨款、税收优惠等政策引导研发投入，建立跨部门协调机制，鼓励企业与高校和科研机构共建技术创新平台。就目前来看，我国涉及激励企业产学研合作等税收优惠政策包括企业所得税和增值税等。

企业所得税方面主要有税基式优惠和税额式优惠两种政策。其中，企业用于产学研合作的研发费用未形成无形资产的按100%比例税前加计扣除，形成无形资产的按200%比例摊销（财税〔2023〕7号）。企业出资给非营利性科研机构、高等学校用于基础研究的支出，可按实际发生额在税前扣除，并享受100%加计扣除（《财政部税务总局关于企业投入基础研究税收优惠政策的公告》2022年第32号）。产学研合作中产生的技术转让所得，500万元以内部分免征企业所得税，超出部分减半征收企业所得税。

另外，企业因产学研合作产生的技术转让、技术开发及相关技术咨询、服务收入，免征增值税。

综上，我国现已形成以税收优惠政策为主、财政补贴政策为辅，覆盖创新系统中主要参与主体——企业、高校和研究机构，包括从研发投入、成果转化到引进、消化吸收等所有环节的多元政策工具协同的激励企业技术创新的政策体系。

参考文献

[1] 潘教峰. 中国科技创新走过一条什么样的路[J]. 科学大观园, 2019(17): 38-39.

[2] 万劲波. 完善科技创新体制机制[J]. 科技中国, 2024(12): 2-8.

[3] 陈强远, 林思彤, 张醒. 中国技术创新激励政策: 激励了数量还是质量[J]. 中国工业经济, 2020(4):79-96.

第二章

企业技术创新中的
财政政策选择

　　源自 R&D 驱动的内生增长的文献表明，公共政策通过激励企业创新能产生长期增长效应，财政补贴能激励企业将更多资源投入到 R&D 创新活动中进而产生长期的经济增长率[1-3]。事实上，激励企业 R&D 创新的公共政策包括财政补贴（直接资助）和税收优惠（间接资助），这是目前被多国政府广泛采用的两种政策工具。从具体政策工具看，除极少数国家使用单一政策外（加拿大、新西兰和日本主要使用税收优惠政策，爱沙尼亚、墨西哥、瑞士、瑞典、芬兰和德国仅使用直接资助政策），其他经济合作与发展组织（OECD）国家以及众多非 OECD 国家均采取政策组合（policy mix，本章中指财政补贴和税收优惠两种政策工具同时使用）形式，这已成为一种全球性趋势。

　　从决策者角度看，政府采取财政补贴或税收优惠政策，抑或政策组合，旨在消除导致市场失灵的根源，激励企业自主创新并改变其创新模式。从企业自身角度看，一种政策工具抑或政策工具组合是否能有效纠正市场失灵和缓解融资约束还有待进一步验证。然而，已有文献的逻辑起点是企业已选择相关政策工具，进而评估政策工具效应。企业作为创新主体，是公共政策的直接客体，更是检验政策成败的关键要素，在政策工具选择方面具有较大主观能动性。在面临知识溢出或融资约束时，不同企业可能会做出迥异的判断和决策，最终选择并运用的政策工具就可能存在差异。那么，到底哪些因素影响并决定企业的政策工具选择呢？对此，需要转变分析思路，基于企业自身选择视角深入研究，以探讨企业政策选择偏好和政策工具的适应性，在政策制定和实施之间搭建"一座桥梁"，为政策制定者提供更有价值的决策信息。

　　基于此，本章的边际贡献在于从企业自选择的视角，将财政补贴和税收优惠两种政策工具纳入统一的分析框架。由于造成企业自主创新领域中市场失灵的两个基本因素是知识外溢和融资约束，在企业真实显示偏好且两者实质影响企业决策的情况下，企业会认为它们是潜在创新计划的障碍物。在此基础上，我们将进一步探讨这些障碍物与财政补贴和税收优惠之间的联系，以及企业如何选择恰当的政策工具或者政策工具组合，并揭示两种政策工具之间是补充关系还是替代关系。

第一节 理论基础与研究假定

一、财政补贴与税收优惠的关系

政府以公共政策支持企业 R&D 投资的主要理论基础是市场失灵，会导致私人 R&D 投资低于社会合意水平。主要根源在于私人企业无法完全获取 R&D 投资带来的全部收益[4]。基于市场失灵理论，政府以财政补贴和税收优惠等政策工具予以干预和纠正，虽都能产生激励效应，但是两种政策工具的作用机制不同。首先，享受政策的资格不同。财政补贴具有一定的遴选条件，能否获取取决于项目的创新内容、技术能力和潜在市场[5]。获得补贴的企业或 R&D 项目体现出企业和政府的双重偏好：在考虑财政补贴后企业对项目可获利润更感兴趣，政府更偏爱基础研究且具有较高社会收益率，是恰当、规范且有潜力的项目，资助大小显示政府对社会价值的考虑。税收优惠被称为中性、非扭曲性的政策工具，具有 R&D 创新活动且有相应支出的企业可以享受税收优惠政策。其次，政策支持度不同。财政补贴给予企业降低 R&D 成本更大的确定性，即企业开始研发活动前能确切知晓财政补贴的收益，税收优惠的收益则取决于会计年度结束后企业的课税情况。换言之，会计年度结束后企业纳税义务可能比税收优惠的潜在激励更低。最后，政策支持的时间点不同。财政补贴属于事前对 R&D 项目的资金支持政策，而税收优惠则是投资后的政策"奖励"。总之，财政补贴会减少外部资金需求，使债务成本更低，即 R&D 活动的融资成本更低[6]。税收优惠则会降低纳税义务，进而减少 R&D 活动成本，当然税收优惠的激励效应取决于征税基的存在[7-8]。

显然，获得财政补贴的 R&D 项目更易于被外部投资者认可，且会产生一种外部融资的标准效应，为其他投资者提供一个信号和风向标[9-10]。实证研究表明，财政补贴具有较强的挤入效应，与私人 R&D 支出呈互补关系，会鼓励企业更多地投资于 R&D 活动[11-13]。从政策设计角度看，两种工具功能"独特"，尤其在纠正市场失灵方面，两种工具会被同时选择并运用，且因自身特征差异而彼此影响[14]。因此，两种政策工具并不会互相排斥，相反都会降低企业 R&D 成本，激励 R&D 投资。

因此，提出如下研究假定 H1：

H1　财政补贴和税收优惠政策是互补的。

二、企业异质性及政策选择差异

研究发现，财政补贴和税收优惠政策激励效应的发挥可能因行业、企业规模及国别不同而产生差异，甚至出现完全相反的结论[15-18]。从企业自身角度看，其对政策工具的选择不仅会考虑工具本身的差异，还会依照企业规模、存续时间及融资约束大小等方面的差异，而作出相应的判断和抉择。一般而言，大型企业或存续时间较长的企业，因其竞争力和社会影响力，资金也相对充裕，面临融资约束压力较小，可能更趋向于税收优惠政策。相反，面临融资约束压力较大的中小企业更偏好选择财政补贴，而不是税收优惠；知识密集型产业中的新建企业也更偏好选择财政补贴[19-20]。实证研究表明，短期内中小企业因面临融资约束问题使其对税收优惠政策更加敏感。Kobayashi[21] 对日本的研究证实了 R&D 税收优惠政策对存在融资约束的中小企业影响更大。然而，税收优惠政策对小企业和新建企业 R&D 投资的影响具有不可持续性。税收优惠政策在短期内降低 R&D 使用者成本的 10% 可增加 R&D 强度的 19.8%。长期来看，一般企业都会面临成本调整和 R&D 支出不断增加，小企业和新建企业表现出相反的"初始增加"，即小企业和新建企业对税收优惠的即时反应明显，但长期增加 R&D 支出的趋势并不显著[22]。原因可能在于小企业和新建企业因内部资金压力问题而更为依赖外部融资，税收优惠虽具有一定刺激作用但不可持续，这类企业可能更加偏好于财政补贴。当然，具体政策工具激励效应大小可能因企业所处行业、地区等不同而有所差异[23-24]。税收优惠政策对融资约束大的企业更具吸引力，融资约束与政策适用概率存在正相关关系，税收优惠政策能鼓励企业创新且放松融资约束压力，有助于企业开拓投资机会以达到更高的创新水准[12-25]。Howell[26]

对中国工业企业创新活动的研究表明，因税制改革而导致企业税负降低会有效地激发存在融资约束企业的创新积极性。另外，对欧盟境内部分国家（法国、意大利、西班牙和英国）而言，存在融资约束以及出现公共债务约束时，政府的税收优惠政策能对企业 R&D 活动具有较好的支撑作用[27]。

因此，提出如下研究假定 H2：

H2 资金充足或融资约束压力小的大企业偏向选择税收优惠政策；融资约束压力大的中小企业则偏向选择财政补贴政策。

为防止新技术、新产品被竞争者模仿或复制，企业会申请知识产权保护，实现对创新成果的独占性，以获取持续稳定的超额利润，保持行业内的领先地位。独占性可以作为知识溢出的反向替代变量，独占性程度越大，知识溢出越小，企业保持行业内领先甚至垄断的可能性更高。显然，税收优惠政策不仅可以有效降低企业 R&D 成本，而且更为重要的是，税收优惠政策对企业净利润增加具有"乘数效应"。利用知识产权制度保护新技术、新发明的中小企业更加偏好税收优惠政策，尽管融资约束压力很大[5]。

因此，提出如下研究假定 H3：

H3 独占性程度高的企业偏向选择税收优惠政策，相反，若创新产品被迅速模仿和复制，企业预期不会有显著利润流，则偏向选择财政补贴政策。

第二节　研究设计

一、研究样本说明及变量定义

1. 财政补贴政策梳理

作为我国长三角地区的经济发达省份，浙江省具有天然的创新创业土壤。截至 2017 年底，全省 4740 家企业中有近 70% 的企业从事或正在从事 R&D 创新活动。2015—2017 年全省企业 R&D 经费支出（包括企业日常 R&D 经费支出和委托外单位开发经费支出）年均增长率约为 6.68%，高于同期全国规模以上工业企业 R&D 经费支出的年均增长率（5.8%）；2017 年全省 R&D 经费支出达到 870.82 亿元，占全国规模以上工业企业 R&D 经费支出的 7.25%。从 R&D 产出看，2017 年全省新产品销售收入为 15161.90 亿元，同期全国规模以上工业企业为 91568.69 亿元，占比为 16.6%；全省发明专利数占同期全国规模以上工业企业的 3.1%[1]。由此可见，浙江省的创新产出及创新效率都是比较高的。从各级政府实施的财政激励政策看[2]，主要包括三方面的财政补贴政策。

（1）对高成长科技型及高新技术企业的资助。被评定为省高成长科技型中小企业或新认定的高新技术企业，政府均会给予一次性财政补贴。若上述企业改制为股份有限公司或在新三板挂牌等成功对接多层次资本市场还可以获得相应补助。另外，科技型企业还可以获得不超过基准利率 50% 的贴息资助和最高为 500 万元的贷款。

（2）对企业创新平台的扶持和资助。对新认定的省级或省级重点企业研究院、省高新技术企业研发中心，在认定的次年分别给予一次性补助及相应配套资金；对企业研究机构土地则按照科教用地标准。

（3）对科技成果转化、运用和保护资助。这类财政补贴政策有助于加速企业科技成果转化和运用，并对企业的知识产权保护提供资助。

另外，还涉及对中小微企业科技券的普惠性财政补贴政策以及企业研发后补助政策。

根据研究需要，研究样本涉及 2017 年浙江省 1898 家企业的数据，以问卷形式获取相关数据信息。问卷中包括 3 个方面 20 个问题。第一是企业基本信息，包括企业建立时间，所有制性质，员工人数及高学历人数占比，所属行业，是否高科技企业及坐落于高科技园区，是否是集团公司子公司以及是否是外向型企业。第二是企业创新方面信息，包括过去 3 年中是否有创新活动，企业在创新中的壁垒问题，如

---

① 该部分数据取自国家统计局和浙江省统计信息网，并经过相应处理和计算而得。

② 由于税收优惠政策的全国统一性，这里主要梳理浙江各级政府针对企业 R&D 创新活动所实施的财政补贴政策。

人才、信息、同行竞争、资金、知识产权保护、创新灵感等。第三是企业选择财政补贴和税收优惠政策信息。

该数据包括企业近3年（2015—2017年）或者前一年的信息。企业R&D创新中灵感获取、竞争压力、申请知识产权保护、申请财政补贴和税收优惠等方面涉及近3年的信息。企业规模、外贸出口、研发支出来源等方面为前一年的信息。调查提供两方面的信息，即企业R&D创新中的壁垒和倚重的信息及政策。

另外，根据从业人员数量将企业划分为大型企业和中小型企业，其中从业人数在300人及以下的为中小型企业，300人以上的为大型企业。样本中两类企业占比分别为17.7%和82.3%，中小企业占有绝对比重。

2. 变量定义及样本统计分析

（1）变量定义

被解释变量为企业是否享有税收优惠（研发费用税前加计扣除政策）和财政补贴政策。样本中不区分企业申请并获得财政补贴来自哪级政府，申请却没有获得财政补贴的企业不在本次调查中，因此，调查结果提供的是申请并获得财政补贴的信息。企业R&D创新活动具有较长的持续性和连续性，享受研发费用税前加计扣除政策适用于当年有研发投入的企业，适用前3年或之前任意1年的信息，能较好地体现企业享受该政策的基本情况。

核心解释变量为企业是否存在融资约束和知识外溢。企业R&D创新资金既可来自企业自有资金，也能以对外融资方式取得。自有资金不足或者融资困难时则可能面临资金压力，从而形成创新壁垒，即存在融资约束。

为防止知识外溢或被复制，企业创新成功后会申请专利并获得知识产权保护，即企业在一定时期内对该技术或产品具有独占性。已有研究工作中[28-29]，以专利保护作为衡量独占性的标准指标。本研究借鉴该方法并以法律对版权、商标、设计或知识产权等方面的保护机制为衡量知识溢出的第一指标。另外，企业在创新中可能受到其他企业创新成果的影响，并从中获得灵感和启发。因此，以企业在创新中是否从竞争对手中获得创新灵感或相关信息作为衡量知识溢出的第二指标，该指标能反映出行业竞争的激烈程度。样本中约有70%的企业承认在创新中受同行启发并获得创新灵感，再次印证在产业转型升级中，企业面临来自各方面的竞争压力。变量具体定义及赋值如表2-1所示。

表2-1　变量定义及赋值

变量		定义及赋值
被解释变量	subsidy	表示财政补贴。定义为二元变量，企业在前3年（2015—2017年）或其中任意1年申请并获得财政资助则为1，否则为0
	tax	表示税收优惠。定义为二元变量，企业在前3年（2015—2017年）或其中任意1年享受税收优惠则为1，否则为0
核心解释变量	constraints	表示融资约束。定义为二元变量，企业感受到来自内外部资金压力时为1，否则为0
	appropriability	表示独占性。定义为二元变量，当企业在2015—2017年间运用法律保护机制时为1，否则为0
	spillover	表示知识溢出。定义为二元变量，当企业在2015—2017年从竞争者处获取的信息为1，否则为0
控制变量	DidRD	表示企业在2015—2017年间是否从事创新活动，定义为二元变量，从事创新活动取值为1，否则为0
	dominantfirm	表示主导企业，定义为二元变量，当企业认为主导企业是其发展中的一个重要障碍是取值为1，否则取0[①]
	newfirm	表示新建企业，定义一个二元变量，若企业是近3年内（2015—2017年）新成立的，则取值为1，否则取0
	groupmenber	表示企业是否属于某集团公司的子公司，定义为二元变量，若是取值为1，否则为0
	stateown	表示企业是否是国有企业，定义为二元变量，若是取值为1，否则为0
	tecfirm	表示企业是否是高新技术企业，定义为二元变量，若是取值为1，否则为0
	hitecpark	表示企业是否位于高新区，定义为二元变量，若是取值为1，否则为0
	exporter	表示企业是否为外向型企业，定义为二元变量，若是取值为1，否则为0

---

① 市场结构也是影响企业选择不同政策工具的重要因素，若市场中存在垄断企业，则竞争者的R&D投资激励将显著减弱。这种竞争压力会不同程度地影响企业从事创新的进程。

续表

变量		定义及赋值
控制变量	employee	表示企业规模，以员工人数的自然对数代替
	welleducated	表示人力资本，以企业高学历员工占比代替
	age	表示企业年龄，以企业的存续时间表示
	imformation	表示企业是否缺乏信息，定义为二元变量，若是取值为 1，否则为 0
	personnel	表示企业是否缺乏人才，定义为二元变量，若是取值为 1，否则为 0
	dominant	表示企业是否有受到主导企业竞争的压力，定义为二元变量，若是取值为 1，否则为 0
	financial	表示企业是否面临融资约束压力，定义为二元变量，若是取值为 1，否则为 0

（2）样本统计分析

国有企业占比约为 3%，表明样本以中小民营企业为主。近 3 年中有 91% 左右的企业从事或正在从事创新活动，大企业占比略高于中小企业。从企业属性看，样本中，高新技术企业占比约为 61.3%，而坐落于高新区的企业和区内高新技术企业的占比分别为 18.2% 和 12.7%。由此可见，样本中具有"天然"优势获得财政资助的企业占比并不高。

从融资约束和知识溢出角度看，大约 45.4% 的企业面临内外部资金压力，但是 70% 以上的企业认为创新产品可能被复制和模仿，进而申请专利并得到法律保护。这表明，企业创新活动中的障碍可能是知识溢出造成的，知识溢出是导致创新市场失灵的主要因素。

从企业创新活动中面临的四大壁垒看，人才匮乏尤为严重，高达 94.2%；其次是创新资源和信息缺乏，行业竞争压力排在第三位；最后是融资约束。企业中人力资本占比约为 7%，偏离度为 14.2%，这意味着企业高层次人才占比不高，大部分企业陷入人才匮乏的窘境。

从政策选择和运用的角度看，两种政策的选择占比分别为 67.2% 和 72.9%，税收优惠政策高于财政补贴。同时选择和运用两种政策工具的企业约占 58%，不享受任何一种政策工具的企业占比为21%，由此表明同时选择并运用两种政策工具是企业的最佳选择。财政补贴政策由于申请条件、成本及其他因素会将一部分企业"拒之于门外"，税收优惠政策则由于限定性条件少，企业较容易享受。因此，财政补贴政策具有明显"自选择性"，税收优惠政策的"被选择性"较强。

二、模型设计

对企业而言，尽管纳税申报期可能与申请财政补贴的时间点不同，申请时也无法预期其课税状况，但均可能同时选择两种政策工具，理性企业会做出最有利于自身的判断和选择。因此，企业选择并运用政策工具可能存在4种情形：未获得财政补贴和未享受税收优惠（0，0）；获得财政补贴和享受税收优惠（1，1）；未获得财政补贴但享受税收优惠（0，1）；获得财政补贴但未享受税收优惠（1，0）。基于研究目的，笔者建立双变量概率模型（Bivariate Probit Model），该模型具有二元被解释变量，能分析不同因素影响企业选择政策工具的概率，能更为精确地刻画并捕捉企业的抉择过程。该模型的最大优势在于，它允许多选择间随机效应的相关性存在，并且较多项模型的限制条件更少。

基本模型：

$$\begin{cases} S=1, & S=a_s X+c_s Z+e_s > 0 \\ S=0, & \text{其他} \end{cases} \tag{2-1}$$

$$\begin{cases} T=1, & T=a_t X+c_t Z+e_t > 0 \\ T=0, & \text{其他} \end{cases} \tag{2-2}$$

其中，S 为财政补贴，T 为税收优惠政策，X 为核心解释变量，Z 为控制变量，a 和 c 为相应系数，e 为随机扰动项。

模型可报告所有样本均值处的边际效应、某代表值处的边际效应和平均边际效应。三种边际效应的计算结果可能存在较大差异。传统上，由于计算的简便性，常计算样本均值处的边际效应。但在非线性模型中，样本均值处的个体行为并不等于样本中个体的平均行为。本研究重点关注企业创新活动中面临壁垒或障碍时，如何在政策工具之间作出选择，如何在分析中使用平均边际效应。

第三节　实证结论

一、知识外溢、融资约束与政策工具的选择

基本研究结论如表2-2所示。表2-2报告了企业4种可能政策选择的平均边际效应。我们对式（2-1）和式（2-2）的检验发现，p值为0，拒绝原假设，因此选择双变量Probit模型（概率模型）是恰当的。

1. 同时选择两种政策工具

表2-2所报告的结果显示，存在知识溢出或者面临融资约束时，企业的最优选择是同时选择两种政策工具。这表明，一方面，财政补贴和税收优惠政策均有助于缓解企业融资约束压力，纠正因知识溢出而导致的创新市场失灵，证明财政干预创新市场的有效性；另一方面，则意味着财政补贴和税收优惠两种政策工具之间是互为补充的，证实了研究假定H1的合理性。

具体来看，面临融资约束的企业会增加同时选择两种政策的概率，中小企业比大型企业增加选择的概率大。

在同时选择两种政策工具时，两种衡量知识外溢性指标的平均边际效应显著为正（前者在1%的水平上显著，后者在10%的水平上显著）。相反，知识产权指标在不选择任何政策工具时的平均边际效应显著为负。为尽可能地以创新产品或技术赢得行业内的竞争优势并保持主导地位，企业以产权保护机制保持其独占性，这样可使其获取超额利润，税收优惠政策则会进一步提高利润水平。一旦创新产品或技术存在模仿甚至盗用的可能性时，虽可利用法律手段进行保护，但是企业仍认为存在知识溢出，其边际成本和边际收益不一致，因而也会申请财政补贴，尽可能地弥补成本和收益之间的缺口。这表明，企业在面临知识溢出时会尽可能地同时选择两种政策工具。

表2-2　企业选择政策的双变量Probit回归平均边际效应

变量	全样本				大型企业				中小企业			
	同时选择	财政补贴	税收优惠	均不选择	同时选择	财政补贴	税收优惠	均不选择	同时选择	财政补贴	税收优惠	均不选择
融资约束	0.0272* (0.0207)	0.0114* (0.0135)	-0.00203* (0.00873)	-0.0178 (0.0150)	0.0163* (0.0383)	0.00355** (0.0275)	-0.00493* (0.0106)	-0.0149 (0.0252)	0.0277* (0.0244)	0.0181** (0.0155)	-0.00816* (0.0113)	-0.0177 (0.0183)
独占性	0.111*** (0.0231)	-0.0298** (0.0150)	-0.00367 (0.00962)	-0.0779*** (0.0168)	0.145*** (0.0460)	-0.0319 (0.0320)	-0.0140 (0.0123)	-0.0991*** (0.0303)	0.106*** (0.0264)	-0.0256 (0.0168)	-0.00274 (0.0122)	-0.0779*** (0.0200)
知识溢出	0.0438* (0.0230)	-0.00751 (0.0149)	-0.00441 (0.00957)	-0.0319* (0.0166)	0.0186 (0.0428)	-0.0119 (0.0305)	0.00191 (0.0116)	-0.00856 (0.0279)	0.0484* (0.0270)	-0.00798 (0.0171)	-0.00410 (0.0123)	-0.0364* (0.0202)
高新技术企业	0.254*** (0.0187)	-0.0245*** (0.0122)	-0.0390*** (0.00833)	-0.190*** (0.0149)	0.294*** (0.0342)	-0.0455* (0.0235)	-0.0374*** (0.0120)	-0.211*** (0.0257)	0.222*** (0.0228)	-0.0285* (0.0147)	-0.0251* (0.0108)	-0.168*** (0.0183)
位于高新区	-0.0531** (0.0270)	-0.0156 (0.0175)	0.0228** (0.0113)	0.0460** (0.0194)	-0.0954* (0.0504)	-0.0257 (0.0347)	0.0312** (0.0147)	0.0899*** (0.0325)	-0.0124 (0.0321)	-0.00557 (0.0204)	0.00695 (0.0147)	0.0110 (0.0240)
子公司	0.00460 (0.0106)	0.00217 (0.00857)	-0.00255 (0.00690)	-0.00422 (0.00910)	-0.0741* (0.0401)	0.00745 (0.0285)	0.0113 (0.0110)	0.0553** (0.0265)	0.0182 (0.0189)	0.00807 (0.0169)	-0.0101 (0.0159)	-0.0162 (0.0175)
企业规模	-1.64e-07 (2.40e-05)	9.49e-06 (1.67e-05)	-6.66e-06 (1.14e-05)	-2.67e-06 (1.79e-05)	-5.19e-06 (2.60e-05)	-1.24e-05 (1.96e-05)	6.87e-06 (6.80e-06)	1.07e-05 (1.53e-05)	0.000942*** (0.000253)	0.000465*** (0.000162)	-0.000561*** (0.000127)	-0.000847*** (0.000191)
国有企业	0.00102 (0.00192)	-0.000267 (0.00180)	-3.86e-05 (0.00116)	-0.000717 (0.00136)	0.0102 (0.0218)	0.0153 (0.0368)	-0.00924 (0.0217)	-0.0163 (0.0367)	-0.150** (0.0757)	-0.00685 (0.0473)	0.0372 (0.0340)	0.120** (0.0566)
人力资本	0.0795 (0.0570)	-0.0680 (0.0480)	0.0304 (0.0256)	-0.0418 (0.0349)	0.419** (0.207)	0.121 (0.173)	-0.141 (0.0859)	-0.400** (0.165)	0.0698 (0.0703)	-0.0532 (0.0542)	0.0264 (0.0345)	-0.0430 (0.0486)
外向型企业	0.0357 (0.0229)	0.0116 (0.0150)	-0.0161 (0.00986)	-0.0313* (0.0166)	0.0377 (0.0389)	0.00503 (0.0277)	-0.00992 (0.0106)	-0.0329 (0.0254)	0.0296 (0.0280)	0.00893 (0.0180)	-0.0132 (0.0132)	-0.0253 (0.0211)
从事创新活动	0.322*** (0.0391)	-0.0489* (0.0260)	-0.0370*** (0.0161)	-0.237*** (0.0267)	0.279** (0.123)	-0.0521 (0.0844)	-0.0312 (0.0299)	-0.196*** (0.0755)	0.322*** (0.0417)	-0.0516* (0.0273)	-0.0284 (0.0191)	-0.242*** (0.0296)
企业年龄	1.70e-05*** (3.40e-06)	-4.07e-06* (2.22e-06)	-9.12e-07 (1.44e-06)	-1.21e-05*** (2.49e-06)	1.81e-05*** (5.65e-06)	-9.89e-06* (4.00e-06)	1.04e-06 (1.53e-06)	-9.23e-06* (3.77e-06)	1.47e-05*** (4.40e-06)	-3.64e-06 (2.83e-06)	-2.96e-07 (2.08e-06)	-1.07e-05*** (3.33e-06)
观测值	1898	1898	1898	1898	336	336	336	336	1562	1562	1562	1562

注：*、**和***分别表示在10%、5%和1%水平上显著，括号内数值为稳健标准误。

2.选择单一政策工具

在面临融资约束时，中小企业选择财政补贴政策的概率增加 1.81%，选择税收优惠政策的概率减少 0.816%，相应地，大型企业选择两种政策的概率分别为 1.14% 和 −0.203%。面临融资约束时财政补贴政策对企业更具吸引力，尤其是中小企业选择这种政策的概率更大。可能的原因是，财政补贴政策更能缓解中小企业面临的融资约束困境。不同规模企业在选择税收优惠时的平均概率显著减少，大型企业减少的绝对值更小，则意味着大型企业选择税收优惠政策的可能性更高（相较于中小企业）。因此，研究假定 H2 得以证实。

独占性指标的平均边际效益为负但不显著。从系数的绝对值看，减少选择财政补贴的概率更大，该现象在大型企业中尤为明显。可能的原因在于，大型企业除以财政补贴弥补成本和收益之间的缺口外，大型企业在资金、人才等方面具有较为明显的优势，独占性使其能获得较高超额利润，税收优惠政策能使其享受的优惠力度更大，利润率也更高。中小企业则不同，虽然创新带来的优势明显，但能否长期保持，还存在一定变数，同时资金压力可能始终存在，这就使得即使申请成本很高，也会更加偏向选择财政补贴政策，以尽可能增加内部资金的流动性，降低研发成本。以创新灵感获取所代表的知识外溢性指标，在全样本及中小企业子样本中相应系数的符号正负不一（均不显著），面临单一政策工具选择时，减少选择税收优惠政策的概率更小，或者增加使用税收优惠政策。可能是大型企业研发实力雄厚，注重研发的基础性和颠覆性及产品的原创性，使其具有持久竞争力，从而更加倾向选择税收优惠政策。因此，研究假定 H3 也得到证实。

二、其他变量与政策选择

高新技术企业同时选择两种政策工具的概率显著增加。按照我国现行税法，高新技术企业可同时享受税率优惠(低税率)和税基优惠(研发费用税前加计扣除政策)，这是税收政策给予这类企业的适当倾斜和照顾。结合近年来浙江省各市（县）出台的相关财政补贴政策，政府会给予高新技术企业及科技型企业直接资助、贴息贷款等。显然，高新技术企业具备选择两种政策工具的优势。当然，这也可能造成企业"设法"

通过高新技术企业认定条件，以得到更多政府资助。对于单一政策工具选择，高新技术企业这一属性认定对比均为减少选择财政补贴或税收优惠政策，这表明同时选择两种政策工具，以获取尽可能多的资助是该类企业的最优选择。从平均边际效应减少的绝对值看，企业减少选择财政补贴政策的概率更高，税收优惠政策是其次优选择，不同规模企业表现出基本一致的偏好。

企业是否位于高新区对其政策选择具有显著影响。位于高新区的企业选择税收优惠政策的概率增加 2.28%，大型企业尤其明显。高新区具有知识密集、技术密集和环境开放等显著区位优势，有特色的优惠政策更是区内企业高质量发展、最大限度地实现科技成果转化的重要依托。税收优惠政策本身的优点将会受到企业尤其是大型企业的青睐。

过去 3 年从事过或正在从事研发创新活动也是企业同时选择两种政策工具的影响因素。表 2-2 显示，企业从事创新活动能显著增加同时选择两种政策的概率，中小企业尤其明显。这提供了一个非常重要的信号，研发创新活动是企业获得政府资助的重要前提。样本中大量企业存在"转换现象"——由从事非创新活动到从事创新活动。过去 3 年中从事创新活动的大型企业占比 67.23%，中小型企业占比 54.06%，同时期不从事创新活动的两类企业的占比分别为 11.15% 和 14.87%。

企业存续时间与其同时选择两种政策的概率呈显著正相关，存续时间越久的企业，选择两种政策的概率越大，其中大型企业的概率最大。可能的原因是，存续时间越久的大型企业，其社会知名度和声誉更高，综合竞争力更强，研发项目或者新产品会更受政府偏爱和重视，因而同时选择两种政策工具的概率更大。

另外，部分变量对企业政策工具选择表现出异质性。例如，从业人员对中小企业同时选择两种政策工具或者只选择财政补贴政策的平均边际效应显著为正。对中小企业而言，从业人员的多寡可以向市场释放一个信号：从业人员越多，越能营造出一种长盛不衰的景象，增强顾客对品牌的信任程度。由于竞争环境的改变打破原有企业与顾客间力量平衡，顾客在市场中将更有话语权，加之细分市场成为现实，中小企业只有进行持续的研发创新以保持技术领先地位，才可能在日益激烈的市场竞争中立于不败之地。因此，中小企业会增加同时选择两种政策的概率，以降低研发成本，缓解资金压力。

人力资本增加显著增加大型企业同时选择两种政策工具的概率。人力资本是企业从事创新活动的关键要素。然而，样本企业普遍缺乏人才，尤其是高学历人才，非省会城市及偏远地区的企业面临的人才危机尤为严重。相较而言，大型企业人力资本占比较高，从而使其具备申请政府资助的条件和可能性。原因在于，大型企业具有吸引并留住人才的天然优势，高层次人才也必将增强企业的核心竞争力。中央及省市各级政府出台的人才补助及其他激励计划又将鼓励高层次人才流入软硬件条件好、发展潜力巨大的企业。总之，这是一个良性循环。高占比的人力资本将有利于申请财政补贴，税收优惠政策则在降低研发成本、激励人才创新和科技成果转化方面发挥重要作用，因此大型企业会优先考虑同时选择两种政策工具。

第四节　研究总结及政策启示

本研究样本涉及不同地区、行业、规模等1898家企业，数据信息较好地反映出企业在财政补贴和税收优惠两种政策面前的真实选择，研究结论丰富，具有较好的政策价值。

研究表明，R&D创新市场失灵与两种政策工具之间存在密切联系。两种政策工具有助于解决导致市场失灵的两个源头：知识外溢和融资约束。税收优惠与财政补贴政策有较好的互补性。原因在于融资约束对企业政策选择影响作用不同。独占性对政策选择存在不同效应，在企业面临融资约束时，大型企业选择税收优惠政策的概率更高，中小企业则更多地选择财政补贴政策。在考虑知识溢出问题时，两类企业在政策选择时也表现出一致。另外，企业规模、是否位于高新区以及高新技术企业属性、人力资本占比等对政策选择具有显著影响。

本研究在政策制定方面的启示体现在如下三个方面。

第一，财政激励政策在保持公平、一致的前提下，应有所倾斜和侧重。财政补贴政策在提高补贴额度、扩大覆盖范围的基础上，应适当地向中小企业尤其是面临融资约束的科技型中小企业倾斜，同时应适当简化申请程序、降低申请门槛，使财政补贴真正为这类企业"雪中送炭"。当然，政府财政及其他相关部门还应当协同配合、信息共享，履行财政补贴资金监督、绩效评价的职责。

第二，严格审批高新技术企业认定程序和审查资格认定条件。研究发现，高新技术企业这一属性已成为企业选择并运用财政补贴和税收优惠政策的重要变量。因而，在鼓励更多企业申请认定高新技术企业的同时，还应当严格审批程序，审查资格认定条件，严防部分企业假借"高新技术"之名骗取财政补贴和税收优惠之实，以及高新技术企业研发操作行为和"高投资、低效率"问题的发生[30]。

第三，各级政府应制订专门的高层次人才补贴计划，使企业尽可能多地留住人才。各级地方政府制订并实施专门的人才补贴计划，吸引更多高层次人才扎根于各类企业中，并尽可能地改善企业所在地的软硬件环境，最终留住人才。当然，财政激励政策应保持一定的连贯性和持续性，对偏远地区以及发展较为缓慢的地方政府，省级及以下各级政府应当给予相应的财力支持。同时，可考虑在个人所得税或企业所得税中对于科技人才研发创新所得给予一定限度的减免税优惠。

（本章基于笔者论文《财政补贴、税收优惠与企业自主创新：政策选择与运用》做了必要的调整和修改而成。）

参考文献

[1] Romer D. Staggered price setting with endogenous frequency of adjustment[J]. Economics Letters, 1990, 32 (3): 205−210.

[2] Segerstrom PS, Anant TCA, Dinopoulos E. A schumpeterian model of the product life cycle[J]. American Economic Review, 1990, 80 (5): 1077−1091.

[3] Aghion P, Howitt P. A model of growth through creative destruction[J]. Econometrica, 1992, 60(2) : 323−351.

[4] Albert L, Scott N, John T. Bending the arc of innovation: public support of R&D in small, entrepreneurial firms [R] . Uncg Economics Working Papers, 2013.

[5] Busom I, Corchuelo B, Ester MR. Tax incentives or subsidies for business R&D?[J]. Small Business Economics, 2014, 43(3): 571−596.

[6] Rupeika-Apoga R, Saksonova S. SMEs' alternative financing: the case of Latvia[J]. European Research Studies Journal, 2018, 21(3): 43−52.

[7] Solovjova I, Rupeika-Apoga R, Romanova I. Competitiveness enhancement of international financial centres[J]. European Research Studies Journal, 2018, 21(1): 5−17.

[8] Baldacchino PJ, Portelli J, Grima S. The implications and relevance of a tax exemption for cooperatives: the case of a small European state[J]. International Journal of Economics & Business Administration, 2019, 7(3): 116−132.

[9] Takalo T, Tanayama T, Toivanen O. Market failures and the additionality effects of public support to private R&D: theory and empirical implications[J]. International Journal of Industrial Organization, 2013, 31(5): 634−642.

[10] Wu A. The signal effect of government R&D subsidies in China: Does ownership matter?[J]. Technological Forecasting and Social Change, 2017, 117: 339−345.

[11] David P, Hall B. Heart of darkness: modelling public-private funding interactions inside the R&D black box[J]. Research Policy, 2000, 29 (2) : 1165−1183.

[12] Czarnitzki D, Lopes-Bento C. Value for Money? New microeconometric evidence on public R&D grants in Flanders[J]. Research Policy, 2013, 42(1) : 76−89.

[13] Neicu D. Evaluating the effects of an R&D policy mix of subsidies and tax credits[J]. Management and Economics Review, 2019, 4:192−216.

[14] Flanagan K, Uyarra E, Laranja M. Reconceptualising the "policy mix" for innovation[J]. Research Policy, 2011, 40(5): 702−713.

[15] Koga T. Firm size and R&D tax incentives[J]. Technovation, 2003, 23(7): 643−648.

[16] Lokshin B, Mohnen P. Measuring the effectiveness of R&D tax credits in the Netherlands [R] . UNU−MERIT Working Paper Series , 2007.

[17] Hong C, Lee JD. Macroeconomic effects of R&D tax credits on small and medium enterprises[J]. Economic Systems Research, 2016, 28(4) : 467−48.

[18] 潘孝珍. 高新技术企业所得税名义税率优惠的科技创新激励效应[J]. 中南财经政

法大学学报，2017 (6)：103－111.

[19] Busom I, Corchuelo B, Martínez-Ros E. Participation inertia in R&D tax incentive and subsidy programs[J]. Small Business Economics, 2017, 49(3): 1－25.

[20] Choi J, Lee J. Repairing the R&D market failure: public R&D subsidy and the composition of private R&D[J]. Research Policy, 2017, 46(8)：1465－1478.

[21] Kobayashi Y. Effect of R&D tax credits for SMEs in Japan: a microeconometric analysis focused on liquidity constraints[J]. Small Business Economics, 2014, 42 (2)：311－327.

[22] Rao. Do tax credits stimulate R&D spending? The effect of the R&D tax credit in its first decade[J]. Journal of Public Economics, 2016, 140: 1－12.

[23] 唐书林, 肖振红, 苑婧婷. 上市公司自主创新的国家激励扭曲之因——是政府补贴还是税收递延?[J]. 科学学研究, 2016 (5)：744－756.

[24] 胡凯, 吴清. 税收激励、制度环境与企业研发支出[J]. 财贸经济, 2018 (1)：38－53.

[25] Keuschnigg C, Ribi E. Profit taxation and finance constraints [R]. University of St. Gallen Department of Economics working paper series, 2009.

[26] Howell A. Firm R&D, innovation and easing financial constraints in China: Does corporate tax reform matter?[J]. Research Policy, 2016, 45(1): 11－22.

[27] Sterlacchini A, Venturini F. R&D tax incentives in EU countries: Does the impact vary with firm size?[J]. Small Business Economics, 2019, 53(3)：687－708.

[28] Czarnitzki D, Ebersberger B, Fier A. The relationship between R&D collaboration, subsidies and R&D performance: empirical evidence from Finland and Germany[J]. Journal of Applied Econometrics, 2007, 22(7): 1347－1366.

[29] Gelabert L, Fosfuri A, Tribó JA. Does the effect public of support for R&D depend on the degree of appropriability?[J]. Journal of Industrial Economics, 2009, 57(4)：736－767.

[30] 邱洋冬. 选择性产业政策如何影响企业绩效——来自高新技术企业资质认定的经验证据[J]. 广东财经大学学报, 2020, 35(3)：70－83.

[31] 王春元, 于井远. 财政补贴、税收优惠与企业自主创新: 政策选择与运用[J]. 财经论丛, 2020(10)：33－43.

第三章

财政补贴、税收优惠与
企业技术创新

产业创新是国家创新系统的核心，在驱动产业转型升级、健全现代产业体系方面发挥着至关重要的作用。而工业企业尤其是大中型制造业作为国家产业系统的支柱行业，其技术创新程度直接反映了国家的综合实力和核心竞争力。自党中央提出创新驱动发展战略以来，国家对工业企业研发的财政支持力度不断增强，自 2009 年至 2015 年，财政补贴和研发费用加计扣除减免税额分别增长了 2.5 ~ 3.0 倍，年平均增幅分别为 14.16% 和 16.92%，而以发明专利表征的工业企业创新产出年平均增幅为 21.46%，其中制造业又充当了工业企业技术创新的主力军。同样，OECD 成员国中近 75% 的国家采取财政补贴和税收优惠及政策组合，并以此解决企业研发过程中的投资不足问题，从而激励企业研发创新[①]。

理论上，政策激励效果可能因其目标、时机及其作用机制而异。出于个体理性化假说，企业存在同时申请财政补贴和税收优惠的自利动机。基于区域经济发展需要，地方政府也会主动给予落户企业财政补贴和税收优惠的双重财政激励。然而，企业技术创新行为是行业属性的一种表现，财税政策激励效果可能与市场需求、产业结构及研发分布等行业特征有关，后者从不同方向影响了企业的研发决策及投入强度，进而财政补贴与税收优惠的政策效果可能会存在一定的挤出效应[1]。限于数据特点，国内现有文献大多立足于单一政策效应分析，或是财政补贴，或是某项税收优惠措施，鲜少探讨两者组合效应，而利用行业数据则可以弥补这一不足。此外，通过分析行业异质性表现出的创新差异，不仅有助于理解行业本身的创新能力，还能利用其交互项进一步深入理解不同政策工具及组合的效应大小及方向。因此，从行业视角识别政策工具之间的关联效应具有一定的理论价值和现实意义。

一直以来，财税政策激励与企业创新之间的关系都是政府和学界关注的重要内容。如前所述，围绕着这一重要议题，已有文献主要从以下视角展开研究。①财政补贴

---

① 资料来源：OECD Economic Outlook，2020，https://data.oecd.org。

该研究主要认为财政补贴具有较强的风险抵御能力，可以直接影响私人 R&D 投资水平和全要素生产效率[2-3]。而企业创新投入具有"干中学"的特点，可以进一步提升财政补贴的激励效应[4-6]。大多数实证研究的结果也发现，财政补贴对企业创新的激励效应还可能因国别、企业规模、所有制性质等存在一定的异质性[7-8]。②税收优惠。相较于财政补贴，税收优惠（税收抵免）更具政策导向性，能持续刺激企业技术创新，因而优势显著，且被广泛应用[9-10]。为量化税收优惠的激励效应，不少文献以"R&D 价格弹性（用户 R&D 成本）"和"R&D 投入增长率"为指标[11-16]，均支持税收优惠政策对研发效率有显著正影响这一结论。③不同政策组合。如前所述，政策执行过程中，地方政府可能会给企业双重财政激励措施，两者之间的关联效应是呈现替代关系还是互补关系，结论并不一致。有研究支持两者"此消彼长"[17-18]；也有研究认为两者具有很好的政策互补性[19-20]。对此，有学者认为可能限于研究方法的不同，最终导致政策效应评估存在一定的差异性[21]。

从上述三个方面的研究及进展可以看出，现有文献较多地讨论单一政策的有效性，而关于不同政策组合效应的文献则主要集中于欧美等发达国家。限于数据的可得性，除少数研究外[19]，国内文献大多也是基于单一政策视角进行考察的。相对于现有文献，本部分可能的边际贡献主要体现在研究视角和研究视域上。①研究视角。突破已有研究中基于微观的、企业层面研究政府财政激励与创新的局限性，从产业层面探究不同政策的激励效应。②研究视域更广，不仅探讨财政激励政策效应及其差异性，而且研究财政激励政策的有效性，更为重要的是深入发掘政策对行业创新的传导机制，以期为决策者提供有价值的参考。

第一节　制度背景

一、财政补贴政策

中国政府出台并实施了各类财政补贴政策和税收优惠政策。财政补贴政策由中央及各级地方政府对所辖企业提供。中央层面主要由财政部、科技部、工业和信息化部等部门具体组织实施。地方各级财政部门除提供政府预算中的科学技术支出外，还设立各类专项资金，通过基金化、因素法、后补助、贴息贷款等方式，对企业科技人才、企业研发机构、科技创新平台、仪器设备、科研项目、知识产权运用和保护、成果转化等方面发挥财政科技资金使用的导向作用。从理论上看，这种政策工具能有效纠正市场失灵。财政补贴由企业向管理部门提出申请，管理部门综合考虑企业的实际情况、研发实力、研发项目潜力以及是否符合当地经济社会发展目标等多重因素，以最终决定哪些企业或研发项目可以得到政府资助。不同企业或研发项目获得的资助力度也存在一定差异。显然，财政补贴政策具有一定的申请成本、管理成本，受政府偏好的影响。

二、税收优惠政策

我国激励企业技术创新的税收优惠政策涉及多税种（企业所得税、增值税、房产税、土地税等）、多优惠方式（税率优惠和税基优惠）和多环节（研发、产学研、技术转让、新产品生产及销售）等，只要符合条件的企业均可以享受税收优惠政策。目前来看，刺激企业技术创新的税收优惠政策主要是研发费用税前加计扣除办法，这本质上是企业所得税的一种税基式优惠方式，也是本书所指的税收优惠政策（后文简称为加计扣除减免税额）。我国税收政策高度统一，因此该政策适用于我国境内财务核算健全并能准确归集研发费用的居民企业，各级税务部门把握的尺度和原则也应是一致的。该政策始于1996年，财政部、国家税务总局为了贯彻落实《中共中央　国务院关于加速科学技术进步的决定》，积极推进经济增长方式转变，提高企业经济效益，联合下发了《财政部 国家税务总局关于促进企业技术进步有关财务税收问题的通知》（财工字〔1996〕41号），首次明确了研发费用税前加计扣除问题。该政策从最初仅限于国有、集体企业（1996—2002年）到适用于所有财务制度核算健全、实行查账征收企业所得税的各种所有制工业企业（2003—2007年），以及政策逐步系统化和体系化（2008—2012年）和扣除范围渐次扩大且核算申报不断简化（2013年至今）四个发展阶段。总体上看，适用该政策的企业越来越多，可扣除费用的口径及加计扣除比例逐渐增大且申报更加简化。显然，税收优惠政策属于事后政策，对政府的吸引力主要在于通过降低信息不对称来简化管理，同时还可为企业提供比财政补贴更可能预测的政策。2019年全国企业创新调查显示，研发费用加计扣除政策最受企业家认可，认定度高达46.0%，是所有11项创新政策中最高的[①]。

以现行的制度设计和安排，我国同时实施财政补贴和税收优惠政策，企业可同时选择两种政策工具之一或政策组合，这与OECD国家以及众多非OECD国家的情形一致，已然成为一种全球性的趋同现象。基于本文研究目的和需要，研究数据主要来自《工业企业科技活动统计年鉴》《中国科技统计年鉴》以及国家统计局数据库。受限于获取数据信息的客观实际，本文研究的时间区间为2009至2015年[②]。

从具体数据看，财政补贴和加计扣除减免税额呈逐年上升的趋势，表明各级政府对企业技术创新的重视程度和支持力度均在加强（见图3-1）。然而，两种政策工具资助力度还是存在一定差距的，财政补贴额度均高于加计扣除减免税额，且两者

---

① 数据来源：科技部网站《2018年我国企业创新活动特征统计分析》。企业界认为效果较明显的各项政策依次为：企业研发费用加计扣除税收优惠政策（46.0%）、创造和保护知识产权的相关政策（44.0%）、高新技术企业所得税减免政策（42.6%）、鼓励企业吸引和培养人才的相关政策（41.0%）、优先发展产业的支持政策（39.6%）、促进科技成果转化相关政策（38.8%）、金融支持相关政策（38.0%）、关于推进大众创业万众创新的各项政策（36.9%）、企业研发活动专用仪器设备加速折旧政策（34.1%）、技术转让、技术开发收入免征增值税和技术转让减免所得税优惠政策（29.7%）、科技创新进口税收政策（25.5%）。

② 研究样本的具体特征及其他方面的问题将在后文中详细阐述。

间的差距在 2009—2012 年间不断拉大，到 2012 年差距达最大值，此后两者间的差距有缩小趋势。可能的原因是，一方面，与 2012 年党的十八大强调 "要坚持走中国特色自主创新道路、实施创新驱动发展战略" 有关，政府进一步加大了对企业技术创新的支持力度；另一方面，与 2013 年以后加计扣除政策的扣除口径增大有关，大量研发成本得以扣除，使得企业享受该政策的减免税额大大增加。两种政策工具资助额度的差距将会不断缩小。

财政支持力度在行业间更表现出较大差异性，如表 3-1 所示。财政补贴的重中之重是制造业，同时制造业享受的加计扣除减免税额占比也是最高的，财政补贴占比逐年增加，加计扣除减免税额也均在 95% 左右，到 2015 年两者均达到最大值。其次是采矿业，最后是电力、热力、燃气及水生产和供应业。政策工具支持力度的差异化与制造业规模、贡献值以及开展研发活动多密切相关。更为重要的是，制造业是实体经济的主体、技术创新的 "主战场"，其规模反映了制造业发展的基础实力，以及产业体系的完整程度与规模效应，是经济高质量发展的重要标志 [46]。

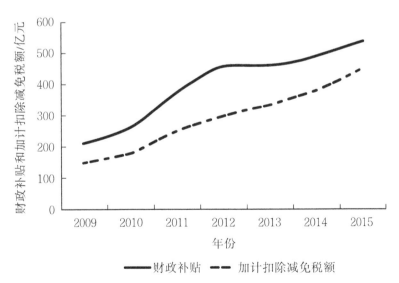

图3-1 2009—2015年规模以上工业企业财政补贴和加计扣除减免税额

表3-1 2009—2015年分行业规模以上工业企业财政补贴和加计扣除减免税额占比

行业	2009 年		2010 年		2011 年		2012 年		2013 年		2014 年		2015 年	
	A	B	A	B	A	B	A	B	A	B	A	B	A	B
采矿业	3.84%	4.40%	5.95%	4.91%	3.75%	3.66%	4.36%	4.54%	3.07%	3.18%	2.53%	3.66%	3.11%	2.16%
制造业	95.48%	94.35%	93.37%	94.14%	95.58%	95.38%	95.11%	94.83%	96.36%	96.17%	96.77%	95.70%	96.00%	97.26%
电力、热力	0.67%	1.26%	0.69%	0.96%	0.67%	0.97%	0.53%	0.63%	0.57%	0.65%	0.70%	0.63%	0.89%	0.58%

注：A表示财政补贴占比；B表示加计扣除减免税额占比。

第二节 理论基础与研究假定

一、政策工具的激励效应及其差异性

自熊彼特提出"创新"及其在经济发展中的作用、政府因市场失灵而资助企业R&D 创新活动 [22]，以及 Romer[23] 的内生增长理论中确立技术进步是经济增长的引擎后，近 30 年来学者对技术创新尤其是财政政策在技术创新中的激励作用研究从未间断过。财政补贴和税收优惠是各国政府常使用的政策工具，旨在增加企业 R&D 支出，因为私人企业无法完全独占创新投资中所有的私人价值和公共价值 [24]。财政补贴存在较高的申请成本和管理成本，且由管理部门决定哪些企业可以使用公共资金；税收优惠政策对决策者和企业的管理成本更低，允许企业自由选择 R&D 项目 [25]。财政补贴对其他外部投资者具有较强的信号作用，会增加对风险资本或私人投资者的吸引力 [26]。另外，补助会贴上特定 R&D 项目使用的标签，税收优惠政策则不局限于R&D 活动。显然，不同政策工具不仅政策目标不同，而且发挥作用的机制也存在差异。既有研究中对单一政策工具的研究发现，财政补贴具有较强的风险抵御能力，直接正向影响私人 R&D 投资水平、技术创新水平和全要素生产效率 [2-3]。税收优惠（税收抵免）则更具市场导向性，能一比一地持续刺激企业技术创新，其优势显著且被广泛应用，因而国家应从直接财政补贴转向税收体系 [9, 10, 14]。

在政策工具效应比较方面，研究者发现两种政策工具的激励效应存在一定差异[28-32]，其效应差异可能源自企业及行业特征差异。对不同规模的企业，两种政策工具所表现出的激励效应差异显著，财政补贴对中小企业的效应更大，增加其研发方向、创新产出和吸收能力[33]；税收抵免则对大型企业效应更大[34]。对不同行业的企业而言，两种政策工具的激励效应也存在一定差异[35-36]，这种完全相反的结论可能是由研究样本的国别或其他特征造成的。

政府是同时运用两种政策工具的，企业可能同时采用，但涉及两种政策工具彼此反应的实证证据还是相对较为缺乏的。理论界对两种政策工具的基本共识是不同政策工具可能会彼此影响，但是由于政策工具特征、目标及作用机制方面的差异，所以其是替代效应还是互补效应，还未达成一致[37]。一种观点表明，两种政策工具之间具有显著互补效应，政策组合的激励效应比使用单一政策工具更大[38-41]。另外，财政补贴的激励效应发挥还有待与税收优惠政策的配合使用，反之则反是；税收优惠政策与财政补贴共同使用时，激励效应更大。因此，得益于这两种政策工具支持的企业推出了更多产品，对更多"世界第一"产品创新负有责任，并且与仅从税收优惠政策中受益的竞争对手相比，在创新产品商业化方面取得了更大的成功。另一种观点则认为，两种政策工具之间的关系是不确定的，是否存在替代效应或互补效应，还有待进一步研究。从纯技术角度看，政策组合表现出的显著替代效应很可能是由于控制隐性处理组而减少了偏误，换言之，单一政策工具的估计效应通常比两种政策工具时要大。既有研究中因为数据及技术处理等方面的因素还无法有效计算出两种政策工具的相互反应，虽有学者试图同时采用匹配和工具变量模型证明其结论的稳健性，但是仅从企业层面探究政策组合与单一政策工具间的差异显然是不全面的[31]。

基于此，提出如下研究假定H1：

H1 财政补贴和税收优惠均能有效激励企业技术创新，激励效应因企业规模、所有制等不同而产生一定差异；政策组合效应可能是不确定的。

二、政策工具的有效性及最优性

财政补贴形式和对象是研究的焦点：政府应该采取刺激"研中学"还是"做中学"，即支持研发活动还是补助产品更新换代。典型事实表明，1970—2006 年约有 90% 的美国企业创新活动是得到政府直接的财政补贴的 [4]。当然，财政补贴对产品创新的效果也受到诸多质疑，财政补贴会推高研发投入要素（如科学家和工程师工资）价格以及对企业 R&D 支出产生挤出效应 [42]。有研究表明，财政补贴在一定程度上会刺激企业 R&D 投资，但是补贴额度超过企业 R&D 投资的 20% 会产生挤出效应，这就意味着企业会转移政府补助资金，改变资金使用方向 [17]。有研究也认为合适的财政补贴水平会提升制造业 R&D 支出水平，否则过量补助产生的挤出效应会降低企业内部 R&D 投资 [44]。也有其他研究证实财政补贴和企业 R&D 投资之间存在替代效应，因此财政补贴水平必须依据企业 R&D 活动规模而定 [37]。

因此，提出研究假定 H2：

H2 财政补贴额度应依企业 R&D 活动特征及规模而定，且存在最优性，为提高财政补贴的效率性，其用于 R&D 活动的资金须达到一定比例。

三、政策工具的传导机制

在创新驱动框架下，R&D 是促进技术进步和经济增长的根本原因，R&D 部门的劳动投入（科学家、工程师）越多，经济增长率越高。在两个部门的模型中，财政补贴会影响研发部门人力资本投入，进而影响 R&D 人员需求并作用于私人部门 R&D 支出。补助总量增长以及在总量不变且基础研究支出增加时，对私人部门 R&D 支出以及边际生产率的短期影响和长期影响存在一定差异 [10]。税收抵免政策会削减企业的成本，增加企业在 R&D 资本方面的支出，进而对企业 R&D 投资产生正向激励作用，促进企业技术创新 [45]。

因此，提出研究假定 H3：

H3 财政补贴和税收优惠会降低企业研发成本，作用于人力资本和资本性支出而影响企业技术创新。

第三节　研究设计

一、实证模型

依前文分析，首先设定基准模型检验财政补贴、税收优惠与行业创新之间的关系。模型中被解释变量是行业创新，核心解释变量分别是行业层面的财政补贴和税收优惠。为尽可能避免出现遗漏变量偏误，还必须控制其他可能对被解释变量产生影响的变量。因此，模型设定如下：

$$y_{it} = \alpha + \beta_1 \text{fiscal}_{it} + \gamma X_{it} + u_i + v_t + \varepsilon_{it} \tag{3-1}$$

$$y_{it} = \alpha + \beta_1 \text{tax\_credit}_{it} + \gamma X_{it} + u_i + v_t + \varepsilon_{it} \tag{3-2}$$

$$y_{it} = \alpha + \beta_1 \text{fiscal}_{it} + \beta_2 \text{tax\_credit}_{it} + \beta_3 \text{fiscal}_{it} \times \text{tax\_credit}_{it} +$$
$$\gamma X_{it} + u_i + v_t + \varepsilon_{it} \tag{3-3}$$

在式（3-1）~式（3-3）中，y_{it} 表示行业 i 第 t 年的创新水平，既有文献中通常使用授予专利数的自然对数表示，但专利的申请需要经过国家知识产权局的认定，执行标准较强，授予的时间一般 2 个月至 5 年不等，因此使用授予量度量行业创新水平可能存在严重的滞后效应。由于发明专利是企业技术创新的第一阶段，能否用于生产并产生新产品收入，甚至得到管理机关的认定都是后续阶段，综合本文数据特点，我们使用发明专利的申请总量以及人均申请量作为行业创新的度量变量，稳健性检验使用行业总专利申请量、有效专利申请量及相应的人均申请量。fiscal_{it}、tax_credit_{it} 分别为财政补贴和税收优惠量，以行业技术创新活动中来自政府部门的人均科技活动资金和人均研究费用税前加计扣除额表示。X_{it} 为其他可能影响行业技术创新的控制变量，包括人均行业产值、有研发活动的企业占比、行业资本集中率、行业市场独占性、资本净利率。其中，人均行业产值表示了行业发展水平，以人均行业实际 GDP 的自然对数表示；有研发活动的企业占比体现了行业技术创新度和行业的竞争程度；行业资本集中率以行业资本存量占比总资产表示；行业市场独占性表明行业（或企业）核心技术的集中度，与竞争力和获利能力成正相关。更为重要的是，该指标可在一定程度上体现行业外溢性，即行业市场独占性越高，外溢性越低，企业进行技术创新的积极性越高，从而更有动力进行研发创新。行业市场独占性以 1-专利所有权转让及许可数 / 有效发明专利数表示；资本净利率为行业净利润除以行业总资产。u_i 为行业效应，v_t 为时间效应，ε_{it} 为误差项。系数 β_1、β_2 分别反映出财政激励对行业创新的影响程度。

另外，财政补贴及税收优惠政策激励企业技术创新，可能通过影响企业人力资本投入和研发资本投入而最终影响企业的技术创新水平。因此，在基准回归分析的基础上，本节进一步验证人力资本投入和研发资本投入的中介机制作用。参考已有中介效应模型[47]：第一步以企业人力资本投入和研发资本投入为被解释变量，财政补贴和税收激励为解释变量，检验财政激励对行业创新的影响；第二步以行业创新水平为被解释变量，在基准回归模型中同时加入中介变量和核心解释变量，以此观察两者系数的变化，如果创新偏好的系数出现大幅下降且其显著性也有所降低，则说明财政政策分别通过影响人力资本投入和研发资本投入，从而进一步影响行业创新水平。以人力资本为例，其模型设计如下：

$$\text{human}_{it} = \alpha + \beta_1 \text{fiscal}_{it} + \gamma X_{it} + u_i + v_t + \varepsilon_{it} \tag{3-4}$$

$$y_{it} = \alpha + \beta_2 \text{human}_{it} + \beta_3 \text{fiscal}_{it} + \gamma X_{it} + u_i + v_t + \varepsilon_{it} \tag{3-5}$$

式（3-4）和式（3-5）中，human_{it} 表示企业人力资本投入，以研发人员中硕博士人员占比表示，研发资本投入的计算使用以研发支出中资产性支出形成的人均资本占有量表示。按照舒尔茨人力资本理论的核心内容，教育是提高人力资本最基本、最主要的手段，教育投资也即为人力资本投资。教育程度越高，其具备的技术和知识水平也越高，高技术知识程度的人力带来的产出也将明显高于技术程度低的人力。相应地，研发人员中具有硕博学历的人员必定是研究团队中的主力军和最为倚重的力量，能很好作为企业人力资本投入的替代变量。其他变量定义如基准回归方程。若财税政策通过资本投入影响了创新水平，则待估参数 β_1 和 β_2 均应当显著，且其乘积 $\beta_1\beta_2$ 符号与 β_3 一致为正；反之如果两者不显著或者两者符号相反，则表明财税政策并没有激励企业研发投入或者效应不显著。

二、数据来源及描述性统计

表 3-2 的数据全部来自 2010—2016 年的《工业企业科技活动统计年鉴》和《中国统计年鉴》。直到 2010 年《工业企业科技活动统计年鉴》中才包括政府相关政策（使用来自政府部门的科技活动资金、研发费用加计扣除减免税额和高新技术企业减免税）落实情况的数据，2016 年以后该年鉴未更新，因此选择数据的时间范围是 2009 年至 2015 年。由于本书以行业视角研究工业企业技术创新，但是在此期间行业分类标准和口径发生了改变，为保持行业前后一致性及数据可比性，以 2002 年国民经济行业分类标准将样本期内行业调整为涵盖采矿业、制造业和电力、热力、燃气和水生产供应等 3 个大类 39 个子行业，其中制造业占比近 77%。所有货币类数据均以 2009 年为基础进行了价格平减。

表3-2 变量描述性统计

变量	观测数	均值	标准差	最小值	最大值
发明专利	271	6.7454	2.0775	0.0000	10.8301
人均发明专利	271	2.0800	1.0492	0.0000	4.1755
专利总量	271	7.9082	2.1484	0.0000	11.4399
人均专利	271	3.0841	1.1457	0.0000	5.1476
有效发明专利	271	7.2080	2.1194	0.0000	11.4927
人均有效发明专利	271	2.4709	1.1662	0.0000	4.9573
人均税收减免	271	4.2104	1.5727	0.0000	6.9718
人均财政补贴	268	4.6610	1.3664	0.0603	7.6357
人均工业产值	273	3.7327	0.7398	0.7261	5.5774
独占性	273	0.7510	0.3883	0.0000	1.0000
资本集中率	251	0.0056	0.0099	0.0000	0.0857
资产净利率	246	0.0922	0.0384	0.0075	0.2289
研发资本投入	267	7.1418	1.1398	3.7767	8.8460
人力资本投入	270	0.0752	0.0413	0.0000	0.2096
研发企业占比	273	0.1761	0.1399	0.0000	0.7804

第四节　实证分析

本部分首先利用式（3-1）～式（3-3）检验财政补贴与税收优惠对产业创新的影响，随后利用更换被解释变量和缩小样本范围进行稳健性检验，以及内生性分析、异质性和机制检验等。

一、基准回归分析结果

由于本部分的数据具有典型的面板数据特征，笔者在基准分析中拟采用双向固定效应模型进行实证分析，表3-3汇报了这一回归分析结果。如表3-3所示，各模型中的被解释变量分别是发明专利总量与人均发明专利的自然对数形式，解释变量分别是财政补贴及其平方项、税收优惠及其平方项，为了验证研究假定H2是否成立，笔者还考察了财政补贴与税收优惠政策组合对企业创新的影响是替代形式还是互补形式，列（5）和列（6）进一步考察了两者之间的交互项，各模型中均已控制了行业效应和时间效应，并在回归分析中使用了稳健标准误控制异方差等。前4列的回归结果表明研究假定H1是成立的，无论是财政补贴还是税收优惠对企业创新影响均在1%的水平上显著为正。从列（5）和列（6）的回归结果看，财政补贴与税收优惠的交互项对企业创新的影响为负数，且分别在1%、5%的显著性水平上，这表明随着财政补贴的增加，税收优惠对企业创新的影响效应逐渐降低；反之随着税收优惠的增加，财政补贴的创新效应也是逐渐降低，意味着财政补贴与税收优惠政策组合存在此消彼长态势，两者之间可能存在替代效应。因此，从行业角度重新审视财政补贴方向、力度及调整税收优惠政策是有必要的。

财政补贴和税收优惠的二次项的估计系数均为负且显著，表明财政激励政策对企业的创新影响表现为先增加后降低的特点，呈现出倒U形趋势。这意味着财政补贴和税收优惠政策均存在最优度，补贴或优惠水平过高或过低，政策激励效应均会下降。因此，政策资助力度与激励效应之间存在非线性关系，存在政策工具资助的最优度。这可能是由于技术创新不仅具有风险性高、不确定性较大的特点，而且信息不对称等常常造成其私人回报率小于社会回报率，从而使企业缺乏创新激励，不愿意创新投入，而财政补贴和税收激励降低了企业前期的研发成本，提高了资金流动性，通过缓解其资金约束对企业创新产生挤入效应，且其挤入效应逐年增强。但随着企业创新体系的成熟以及企业研发规模的扩大，财政激励政策对企业创新的激励作用逐渐降低，从模型的估计结果看，财政补贴效应的拐点位置大致在人均减免额 525 ~ 2211 元，而税收优惠效应的拐点位置在人均减免额 456 ~ 1029 元。

表3-3　基准回归结果

变量	（1）发明专利总量	（2）人均发明专利	（3）发明专利总量	（4）人均发明专利	（5）发明专利总量	（6）人均发明专利
财政补贴	1.2740***	0.5052***	—	—	0.7305***	0.2856***
	（0.1672）	（0.0895）	—	—	（0.0961）	（0.0541）
财政补贴平方	−0.1017***	−0.0328***				
	（0.0164）	（0.0097）				
税收优惠	—	—	1.1559***	0.4587***	0.5410***	0.1998***
	—	—	（0.1821）	（0.0826）	（0.0856）	（0.0549）
税收优惠平方			−0.0944***	−0.0330***		
			（0.0233）	（0.0117）		
财政补贴 × 税收优惠	—	—	—	—	−0.1039***	−0.0284**
	—	—	—	—	（0.0179）	（0.0123）
人均工业产值	−0.4639***	−0.1403**	−0.2195**	−0.0244	−0.4425***	−0.1435**
	（0.0820）	（0.0556）	（0.0909）	（0.0585）	（0.0724）	（0.0579）
研发企业产出比	0.0472	−0.3100	0.2070	−0.3886	−0.1532	−0.3894
	（0.2838）	（0.2943）	（0.3794）	（0.2771）	（0.2645）	（0.2928）
独占性	0.2027*	0.1078	0.1491	0.0759	0.1307	0.0660
	（0.1054）	（0.0770）	（0.1860）	（0.0937）	（0.1240）	（0.0831）

续表

变量	（1）	（2）	（3）	（4）	（5）	（6）
	发明专利总量	人均发明专利	发明专利总量	人均发明专利	发明专利总量	人均发明专利
资本集中率	13.9501***	7.2363*	13.6719***	7.4008**	12.1128***	7.1246*
	（4.6465）	（4.0160）	（4.7596）	（3.4216）	（4.6458）	（3.8510）
资产净利率	1.2146	−0.4528	4.6591***	1.0655	2.0822**	0.0263
	（0.8361）	（0.6521）	（1.4536）	（0.8632）	（0.8709）	（0.6960）
常数项	3.9217***	0.3873	3.1563***	0.1384	3.9711***	0.4332
	（0.5635）	（0.3137）	（0.4999）	（0.2809）	（0.5147）	（0.3284）
R^2	0.9849	0.9711	0.9742	0.9667	0.9854	0.9716
N	239	239	242	242	238	238

注：*、**和***分别表示在10%、5%和1%水平上显著；括号内数值为稳健标准误。

二、稳健性检验

在证明了研究假定 H1 和 H2 之后，本部分通过更换被解释变量和缩小样本范围的方法对基本结论的稳健性进行检验。在已有研究中，通常使用专利总量以及人均专利申请量的自然对数表示，本部分在此基础上使用有效发明专利量和人均有效发明专利量代替。此外，样本中制造业占比高，其技术创新是高质量发展的内在要求，以此为样本检验财政政策的激励效应将更具代表性。因此，我们使用制造业样本进行稳健性检验，估计结果如表 3-4 所示。表 3-4 中的结论能验证基本结论的稳健性，并再次印证财政补贴与税收优惠政策在激励企业技术创新中的替代效应，且财政补贴效应始终大于税收优惠效应。

表3-4 稳健性检验

变量	更换被解释变量				缩小样本范围	
	专利申请量	人均专利申请	有效发明专利	人均有效发明专利	发明专利	人均发明专利
财政补贴	0.7633***	0.4176***	0.6444***	0.2999***	0.7847***	0.3269***
	(0.2070)	(0.1062)	(0.1570)	(0.0765)	(0.1013)	(0.0606)
税收优惠	0.6440***	0.3818***	0.4984***	0.2019**	0.5647***	0.2250***
	(0.1712)	(0.0957)	(0.1445)	(0.0893)	(0.0869)	(0.0571)
财政补贴 × 税收优惠	−0.1208***	−0.0647***	−0.0884***	−0.0281	−0.1125***	−0.0380***
	(0.0363)	(0.0202)	(0.0301)	(0.0191)	(0.0192)	(0.0133)
控制变量	YES	YES	YES	YES	YES	YES
行业效应	YES	YES	YES	YES	YES	YES
时间效应	YES	YES	YES	YES	YES	YES
R^2	0.9795	0.9646	0.9725	0.9573	0.9870	0.9729
N	238	238	238	238	201	201

注：*、**和***分别表示在10%、5%和1%水平上显著；括号内数值为稳健标准误。

三、动态面板模型估计

一般来讲，短期内政府创新政策具有连续性，产业创新环境也是相对较为稳定的，借鉴 Colombo 和 Martinez-Vazquez 已有研究[48]，本部分进一步控制被解释变量的一阶滞后项，以反映产业创新的动态连续变化。为了保证估计结果的有效性，本部分使用 Hansen 过度识别检验方法来检验工具变量集的有效性。表 3-5 显示了动态面板模型的估计结果，结果表明基本结论是稳健且可靠的。AR（1）和 AR（2）的检验结果表明差分误差项不能拒绝存在二阶序列相关的原假设，Hansen 检验也没有拒绝工具变量集的有效性，这表明模型及工具变量集的选择较为合理；另外，模型中各参数估计和基准回归分析一致且具有很好的统计显著性。

表3-5 系统GMM估计（广义矩估计）

变量	发明专利总量			人均发明专利量		
	（1）	（2）	（3）	（4）	（5）	（6）
被解释变量滞后一阶	0.389***	0.387***	0.277***	0.386*	0.474**	0.303
	（0.1058）	（0.1141）	（0.0606）	（0.2075）	（0.1801）	（0.2493）
财政补贴	1.227***	—	0.594**	0.659***	—	0.401***
	（0.4334）	—	（0.2672）	（0.1275）	—	（0.1038）
财政补贴平方	−0.112**	—	—	−0.053***	—	—
	（0.0500）	—	—	（0.0145）	—	—
税收优惠	—	0.966**	0.520**	—	0.412**	0.157
	—	（0.3922）	（0.2408）	—	（0.1819）	（0.1071）
税收优惠平方	—	−0.087*	—	—	−0.039*	—
	—	（0.0504）	—	—	（0.0231）	—
财政补贴 × 税收优惠	—	—	−0.088*	—	—	−0.043*
	—	—	（0.0519）	—	—	（0.0234）
控制变量	YES	YES	YES	YES	YES	YES
N	205	207	204	204	206	203
AR（1）检验	0.030	0.018	0.025	0.014	0.033	0.057
AR（2）检验	0.189	0.539	0.665	0.856	0.612	0.592
Hansen检验（p值）	0.869	0.926	0.998	0.816	0.999	0.979

注：*、**和***分别表示在10%、5%和1%的水平上显著，括号内数值为小样本稳健标准误。AR（1）和
　　AR（2）为扰动项差分1阶和2阶自相关检验，其原假设是扰动项差分分别存在1阶和2阶自相关；
　　Hansen检验为工具变量过度识别检验，$p > 0.1$，说明不拒绝工具变量有效的原假设。

四、异质性分析

已有研究表明，财政政策激励效应可能与企业规模、所有制形式有关。以发明专利为被解释变量时，大中型企业中财政补贴和税收优惠的激励效应均为负向显著，表明大中型企业在资金充裕度及流动性方面更优于小型企业，财政政策的激励效应

将难以有效发挥出来；一般而言，私有企业在资金、人才及与政府的相关方面要逊于国有企业，财政补贴对私有企业来说更具有较强的信号作用，更利于外部融资，税收优惠政策则进一步降低其研发成本，两者政策工具将表现出更强的激励效应。以人均发明专利为被解释变量，检验结论的符号与前者一致，但是显著性较差，这至少表明两种政策工具在不同规模及所有制企业的激励效应存在显著差异。结果如表3-6所示。

表3-6 异质性分析

变量	发明专利			人均发明专利		
	大中型企业	私有企业	国有企业	大中型企业	私有企业	国有企业
财政补贴	0.2606***	0.2692***	0.2739***	0.1373***	0.1472***	0.1537***
	（0.0605）	（0.0603）	（0.0686）	（0.0322）	（0.0331）	（0.0344）
税收优惠	0.0781*	0.0808*	0.1020**	0.0704**	0.0517	0.0622*
	（0.0426）	（0.0468）	（0.0455）	（0.0320）	（0.0385）	（0.0329）
企业占比	−2.6728***	−1.2846	−0.3520	−3.5768***	−1.4239*	0.3643
	（1.0173）	（1.0391）	（1.0321）	（0.6560）	（0.7889）	（0.8682）
财政补贴 × 企业占比	−0.3695*	0.4581**	−0.1820	−0.0850	0.2330	−0.1020
	（0.2187）	（0.2128）	（0.1380）	（0.1792）	（0.1645）	（0.0981）
税收优惠 × 企业占比	−0.6162***	0.2197	−0.3174**	−0.1706	0.1207	−0.4135***
	（0.2133）	（0.2112）	（0.1391）	（0.2248）	（0.1836）	（0.1066）
控制变量	YES	YES	YES	YES	YES	YES
行业效应	YES	YES	YES	YES	YES	YES
时间效应	YES	YES	YES	YES	YES	YES
R^2	0.9861	0.9850	0.9847	0.9759	0.9730	0.9736
N	233	233	233	233	233	233

注：*、**和***分别表示在10%、5%和1%水平上显著；括号内数值为稳健标准误。

五、机制检验

为验证研究假定H3是否成立，本部分根据前文的式（3-4）和式（3-5）对人力资本投入和研发资本投入的机制效应做实证检验。表3-7展示了中介效应模型回归结果，其中列（1）～列（3）为人力资本投入的中介效应分析，列（4）～列（6）为研发资本投入的中介效应分析。表3-6的结果表明实证结果和前文的分析较为吻合，财政补贴和税收优惠均能够有效地促进企业进行人力资本投入和研发资本投入，从而提高产业创新水平。以人力本资本投入为例，分别使用财政补贴和税收优惠利用式（3-4）对中介变量人力资本投入进行回归分析，结果显示其中介效应系数β_1分别在10%、1%的水平上显著为正，即增加对企业的财政补贴和税收优惠支持力度有助于企业提高人力资本投入，而列（3）的结果显示人力资本投入又是企业创新的人力决定因素。

表3-7 机制检验

变量	人力资本投入		发明专利	研发资本投入		发明专利
	（1）	（2）	（3）	（4）	（5）	（6）
财政补贴	0.0038*	—	0.4021***	0.1585***	—	0.2052***
	（0.0021）	—	（0.0955）	（0.0363）	—	（0.0666）
税收优惠	—	0.0105***	0.1572***	—	0.1328***	0.0778
	—	（0.0025）	（0.0599）	—	（0.0327）	（0.0511）
人力资本投入	—	—	2.5963**	—	—	—
	—	—	（1.3015）	—	—	—
研发资本投入	—	—	—	—	—	0.4539*
	—	—	—	—	—	（0.2315）
控制变量	YES	YES	YES	YES	YES	YES
行业效应	YES	YES	YES	YES	YES	YES
时间效应	YES	YES	YES	YES	YES	YES
R^2	0.8912	0.8859	0.9807	0.9914	0.9910	0.9847
N	239	242	236	240	240	237

注：*、**和***分别表示在10%、5%和1%水平上显著；括号内数值为稳健标准误。

六、进一步分析

由于企业获得的财政补贴通常发生在企业实际研发之前，因此财政补贴对企业创新的影响有可能受到其获得的补助金额的大小以及财政补贴资金实际用于研发活动的数量而呈现异质性。为进一步验证研究假定 H3 是否成立，本部分以企业实际获得的财政补贴金和企业内部研发活动资金中来源于政府部分占比（简称政府资金占比）为门槛变量，考察财政补贴对企业技术创新的非线性影响。一方面，利用 Bootstrap 法反复抽样 300 次，分别对财政补贴和政府资金占比的门槛效应进行检验，经检验发现财政补贴和政府资金占比均在 1% 的显著性水平上存在单门槛效应，而双门槛效应并未通过显著性检验。因此，本节主要基于两者的单门槛效应进行回归分析。另一方面，在第一步的基础上，对财政补贴和政府资金占比的参数值进行估计和检验。表 3-8 汇报了两者作为门槛变量的门槛估计值及核心解释变量的估计结果。

表3-8 财政补贴的门槛效应检验

变量	$\tau_{it} \leqslant \gamma$	$\tau_{it} > \gamma$	门槛变量	门槛值	F 检验
财政补贴	0.4974***	0.6095***	财政补贴	6.6239	32.74***
	（0.0862）	（0.0815）			
财政补贴	0.7952***	0.6831***	政府资金占比	0.0136	27.61***
	（0.0906）	（0.0818）			

注：*、**和***分别表示在10%、5%和1%水平上显著；括号内数值为稳健标准误。

如表 3-8 所示，财政补贴的自然对数小于 6.6239 时，即人均财政补贴低于 750 元时，财政补贴对企业创新的影响为 0.4974，当越过门槛值后，财政补贴的弹性系数有所增加，进一步表明财政补贴的激励效应随其补助度增加而增加。结合前文中财政补贴效应的倒 U 形特征，该门槛值应位于最优补助度的左边。以政府资金占比为门槛变量时，发现财政补贴对研发的影响仍然呈现出非线性特征。具体而言，当企业内部研发资金投入中政府资金占比小于 1.36% 时，政府补助对企业创新的影响为 0.7952，而当越过门槛后，其影响依然为正但有一定程度的下降，平均而言下降了 14.1%。这一结论具有两个层面的内涵：其一，尽管财政补贴资金占企业内部研发资金的比值很低，但具有较强的激励和杠杆作用；其二，财政补贴效应的发挥与其实际被用于企业内部研发活动的比值相关，要最大化财政补贴效率必须使其用于研发活动的资金达到一定比例。因此，研究假定 H2 后半部分得以证实，假定 H2 成立。

第五节　研究结论及政策启示

从行业视角看，财政补贴和税收优惠政策对企业技术创新均具有正向激励效应，前者的激励效应要明显高于后者，但政策组合却表现出显著的替代效应。政策工具的激励效应在不同规模及所有制形式的企业中表现出一定的差异性，在私有企业中激励效应显著。财政补贴和税收优惠政策资助力度与企业技术创新之间存在倒 U 形关系，理论上存在最优的政策资助力度；财政补贴资金实际被用于企业内部研发活动的比值及大小影响财政补贴政策激励效应的发挥。机制检验表明，财政补贴和税收优惠政策正向影响企业人力资本和研发资本投入，并最终激励企业技术创新。研究结论对行业创新政策的制定具有一定的启示作用。

首先，财政激励政策应充分考虑行业特征，并加强财政资助企业技术创新的力度。把行业作为政策制定及考虑的重要条件，财政资助力度应尽可能"恰到好处"，既不能资助过度，也不能资助过小，更为重要的是，确保财政补贴资金用于企业研发创新活动，以尽可能地最大化发挥财政的杠杆作用和激励效应。对政府管理部门而言，应建立完善的财政补贴资金监管与审计信息系统，确保财政补贴资金的方向和用途，存在违规使用或使用不足时，应采取相应的处罚措施，以保障财政补贴资金使用的效率性。

其次，统筹考虑财政补贴和税收优惠政策的制定，尽可能避免政策组合的替代效应发生。财政补贴和税收优惠政策的作用时点、作用机制以政策目标均存在一定差异，决策者在制定这些政策时应充分认识并考虑政策间的差异，以政策体系的视角审视政策工具，建立政策工具间的联系与互动，以使政策组合的激励效应更大。

具体到决策部门，财政、税务及科技部门等应建立密切联系与合作，避免政策的单一化和碎片化，确保政策工具的完整性和互补性。

最后，财政补贴和税收优惠政策应能较好地激励人力资本和研发资本投入。针对政策工具特征，财政补贴资金可考虑用于提高研发人员薪酬待遇及其他奖励等方面，以激发研发人员的创新动力和积极性；税收优惠政策，尤其是研发费用税前加计扣除政策应尽可能扩大研发费用的统计口径，尽可能地将与研发相关的研发纳入加计扣除范围，并与其他如固定资产加速折旧等政策结合，激励企业的资本性投入，增加购入实验设备和器材，改善实验条件，提高企业创新水平。

参考文献

[1] Neicu D. Evaluating the effects of an R&D Policy mix of subsidies and tax credits[J]. Management and Economics Review, 2019, 4(2): 192−216.

[2] David P, Hall B. Heart of darkness: modelling public-private funding interactions inside the R&D black box[J]. Research Policy, 2000, 29(1): 1165−1183.

[3] Minford L, Meenagh D. Testing a model of UK growth: a role for R&D subsidies[J]. Economic Modelling, 2019, 82(11): 152−167.

[4] Block FL, Keller MR. Where do innovations come from? Transformations in the U.S. Economy, 1970—2006[J].Socio-Economic Review, 2009, 7(3): 459−483.

[5] Czarnitzki D, Hussinger K, Schneider C. R&D collaboration with uncertain intellectual property rights[J]. Review Industrial Organization, 2015, 46(1):183−204.

[6] Konig M D, Liu X, Zenou Y. R&D Networks: theory, empirics, and policy implications[J]. The Review of Economics and Statistics, 2019, 101(3): 476−491.

[7] Chu A C, Kou ZL, Wang XL. Dynamic effects of minimum wage on growth and innovation in a Schumpeterian economy[J]. Economics Letters, 2020, 188(3):1−13.

[8] 张同斌, 高铁梅. 财税政策激励、高新技术产业发展与产业结构调整[J]. 经济研究, 2012, 47(5): 58−70.

[9] Hall B , Reenen JV . How effective are fiscal incentives for R&D? A review of the evi-

dence[J]. Research Policy, 2000, 29(4/5): 449−469.

[10] 严成樑, 胡志国. 创新驱动、税收扭曲与长期经济增长[J]. 经济研究, 2013 (12): 55−67.

[11] Paff, Lolita A. State-level R&D tax credits: a firm-level analysis[J]. B. E. Journal of Economic Analysis & Policy, 2009, 5(1): 266−291.

[12] Brown JR, Martinsson G, Petersen BC, et al. What promotes R&D? Comparative evidence from around the world[J]. Research Policy, 2017, 46(2): 447−462.

[13] Fazio C, Guzman J, Stern S. The impact of state-level R&D tax credits on the quantity and quality of entrepreneurship[R]. Working Paper, 2019.

[14] Guceri I, Liu L. Effectiveness of fiscal incentives for R&D: a quasi-experiment[J]. Oxford University Centre for Business Taxation, 2015.

[15] 王春元. 税收优惠刺激了企业R&D 投资吗?[J]. 科学学研究, 2017, 35(2): 255−263.

[16] 李彦龙. 税收优惠政策与高技术产业创新效率[J]. 数量经济技术经济研究, 2018, 35(1): 60−76.

[17] Guellec D, van Pottelsberghe, de La Potterie B. The impact of public R&D expenditure on business R&D[J]. Economics of Innovation & New Technology, 2003, 12(3): 225−243.

[18] Marino M , Lhuillery S, Parrotta P, et al. Additionality or crowding-out? An overall evaluation of public R&D subsidy on private R&D expenditure[J]. Research Policy, 2016, 45(9): 1715−1730.

[19] 朱平芳, 徐伟民. 政府的科技激励政策对大中型工业企业R&D 投入及其专利产出的影响——上海市的实证研究[J]. 经济研究, 2003(6): 45−53+94.

[20] Marco G, Emilio Raiteri. Demand-side vs. supply-side technology policies: hidden treatment and new empirical evidence on the policy mix[J]. Research Policy, 2015, 44(3): 726−747.

[21] Dimos C, Pugh G. The effectiveness of R&D subsidies: a meta-regression analysis of the evaluation literature[J]. Research Policy, 2016, 45(1):797−815.

[22] Arrow KJ. The Economic Implications of Learning by Doing[J]. Review of Economic Studies, 1962, 29(3):155−173.

[23] Romer D. Staggered price setting with endogenous frequency of adjustment[J]. Eco-

nomics Letters, 1990, 32(3): 205−210.

[24] Becker B. Public R&D policy and private R&D investment: a study of the empirical evidence[J]. Journal of Economic Surveys, 2015, 29(5): 917−942.

[25] Montmartin B, Herrera M. Internal and external effects of R&D subsidies and fiscal incentives: empirical evidence using spatial dynamic panel models[J]. Research Policy, 2015, 44(5):1065−1079.

[26] Takalo T, Tanayama T, Toivanen O. Market failures and the additionality effects of public support to private R&D: theory and empirical implications[J]. International Journal of Industrial Organization, 2013, 31(5): 634−642.

[27] Shin K, Choy M, Lee C, et al. Government R&D subsidy and additionality of biotechnology firms: the case of the Korean Biotechnology Industry[J]. Sustainability, 2019, 11: 1583−1605.

[28] Hall B H, Maffioli A. Evaluating the impact of technology development funds in emerging economies: evidence from Latin America[J]. The European Journal of Development Research, 2008, 20(2):172−198.

[29] Westmore B. R&D, Patenting and growth: the role of public policy [R] . OECD Economics Department Working Papers, 2013.

[30] Dumont M. Assessing the policy mix of public support to business R&D[J]. Research Policy, 2017, 46(10): 1851−1862.

[31] 陈强远、林思彤, 张醒. 中国技术创新激励政策：激励了数量还是质量[J]. 中国工业经济, 2020(4): 79−96.

[32] 张玉、陈凯华, 乔为国. 中国大中型企业研发效率测度与财政激励政策影响[J]. 数量经济技术经济研究, 2017, 34(5):1−43.

[33] Radas S, Anić ID, Tafro A, et al. The effects of public support schemes on small and medium enterprises[J].Technovation, 2015, 38: 15−30.

[34] Kim J. Direct support vs. indirect support: exploration of policy mix for R&D investment of SMEs[J]. Journal of Technology Innovation, 2019, 2:135−156.

[35] Wiesenthal T, Leduc G, Haegeman K, et al. Bottom-up estimation of industrial and public R&D investment by technology in support of policy-making: the case of selected low-carbon energy technologies[J]. Research Policy, 2012, 41(1): 0−131.

[36] Chen W M, Kim H , Yamaguchi H. Renewable energy in eastern Asia: renewable energy policy review and comparative SWOT analysis for promoting renewable energy in Japan and Korea[J]. Energy Policy, 2014, 74: 319-329.

[37] Martin BR. R&D policy instruments: a critical review of what we do and don' t know [J]. Industry and Innovation, 2016, 23(2): 157-176.

[38] Carboni OA. R&D subsidies and private R&D expenditures: evidence from Italian manufacturing data[J]. International Review of Applied Economics, 2011, 25(4): 419-439.

[39] Charles Bérubé, Mohnen P. Are firms that receive R&D subsidies more innovative? [J]. Canadian Journal of Economics, 2009, 42(1): 206-225.

[40] Busom I , Corchuelo B, Martínez-Ros E. Tax incentives or subsidies for business R&D[J].Small Business Economics, 2014, 43(3): 571-596.

[41] Ravselj D , Aristovnik A. The Impact of Public R&D Subsidies and Tax Incentives on Business R&D Expenditures[J]. European Research Studies Journal, 2020, 13(1):348-367.

[42] Görg H, Strobl E. The effect of R&D subsidies on private R&D[J]. Economica, 2007, 294(74): 215-234.

[43] Wu A. The signal effect of Government R&D Subsidies in China: Does ownership matter?[J]. Technological Forecasting and Social Change, 2017, 117: 339-345.

[44] Afcha S, García-Quevedo J. The impact of R&D subsidies on R&D employment composition[J]. Industrial and Corporate Change, 2016, 25(6): 955-975.

[45] 赵凯, 王鸿源. 政府R&D补贴政策与企业创新决策间双向动态耦合与非线性关系 [J]. 经济理论与经济管理, 2018 (5): 43-56.

[46] 史丹,赵剑波,邓洲,等.从三个层面理解高质量发展的内涵[N].经济日报, 2019-09-19.

[47] Baron RM, Kenny DA. Moderator-mediator variables distinction in social psychological research: conceptual, strategic, and statistical considerations[J]. Journal of Personality and Social Psychology, 1986, 51(6): 1173-1182.

[48] Colombo D G, Martinez-Vazquez J. Fiscal decentralization and public R&D policy: a country panel analysis[J]. Publius-The Journal of Federalism, 2020, 50(2): 310-335.

第四章

税基式优惠政策组合
与企业技术创新

2023 年中央经济工作会议明确将"以科技创新引领现代化产业体系建设"放在 2024 年 9 项工作部署中的首位，这不仅是对创新驱动发展战略的高度肯定和认可，而且是对党的二十大报告中科技、教育和人才关系论述及精神的贯彻执行，还能更好地发挥新质生产力的动力源作用。切实"提升企业技术创新能力"，不仅需要"完善有利于创新的制度环境"，还需要积极财政政策适度加力、提质增效，更需要加强政策工具创新和协调配合，"确保政策工具同向发力、形成合力"。税收优惠政策由于更具市场导向性且覆盖而广而备受推崇，其中尤以研发费用加计扣除和固定资产加速折旧政策最受关注。

研发费用加计扣除是税基式优惠政策，对激励企业研发创新发挥着重要作用。本世纪以来，尤其是党的十八大明确提出"科技创新是提高社会生产力和综合国力的战略支撑，必须摆在国家发展全局的核心位置"以来，加计扣除政策历经多次调整，截至 2023 年 7 月，除负面清单行业、核定征收企业不能享受加计扣除政策以外，其他符合政策规定的企业均可享受该优惠政策。加计扣除政策覆盖范围大、加计扣除率高、政策更具灵活性和可操作性，已然成为支持我国创新驱动发展战略、激励企业研发创新最重要的政策工具。2009—2015 年加计扣除减免税额增长了 3 倍左右，年均增幅达 16.92%，2022 年减税规模高达 7000 亿元。与此同时，全社会研发投资占 GDP 比重（研发投入强度）呈逐年上升态势，由 2009 年的 1.66% 升至 2015 年的 2.07%，到 2022 年高达 2.50%，其中 2017—2022 年企业研发投入年均增长率约为 25%，由此形成"研发投入力度加大—税收减免额增加—研发投入进一步加大"的良性循环。另外，2014 年实施加速折旧政策是为了提高企业设备投资、更新改造及科技创新的积极性，促进我国制造业实现转型升级，加快发展"中国智造"。加速折旧政策对我国制造业重点行业及研发创新仪器设备给予特别优惠，个中体现的倾斜性、支持性和优惠性非常明显，对激励企业研发创新具有重要作用。

显然，两种政策工具目标较趋同，只是作用路径存在差异：加计扣除政策以加计扣除的方式降低研发成本；加速折旧政策则增加企业前期成本扣除而减少资金占用并降低前期税负。结合《研发费用加计扣除政策执行指引（2.0 版）》中研发费用加计扣除归集口径的具体规定，可加计扣除的研发费用范围包括人员人工费用、直接投入费用、折旧费用、无形资产摊销、新产品设计费等。其中，来自研发活动的仪器、设备的折旧费与加速折旧政策直接相关。企业仪器、设备投资规模越大，前期产生的折旧费用将越多，企业享受到的加计扣除优惠税额便越大。那么，两种政策工具组合是否会对企业研发投入产生"1+1>2"的"放大"效应，这有待于本章中理论与实证的进一步探究与分析。

然而，已有研究更偏向于评估或测度单一税收优惠政策的技术创新效应，并识别政策工具的作用机制和传导机制。例如，研发费用税前加计扣除政策能有效降低使用者成本和研发风险进而激励企业研发创新，加速折旧政策因其能重构企业现金流，具有"免息贷款"作用，从而能有效缓解企业融资约束压力并促进企业技术创新。基于理性经济人假定，企业在从事研发创新活动时会倾向于选择有利于自身发展的政策工具，加计扣除政策和加速政策能从不同方向给予企业"实惠"，必然也会受到企业的青睐。

对决策者而言，实现政策的"成本有效性"，不仅应发挥单一政策工具的技术创新效应，而且还应产生政策工具组合"1+1>2"的协同效应。从理论上看，加速折旧政策的本质属性是重构现金流，并在资产折旧前期释放大量现金流；固定资产投资规模增加会在短期内增加折旧额计提；研发资产增加会引致高技能研发人员增加，实现资产与人力资本互补，从而增加研发人员费用。结合加计扣除政策规定，现金流增加为企业增加研发投入提供可能性，折旧额和人员经费增加会增加税前抵扣额，进一步强化加计扣除政策的优惠力度。上述理论分析揭示了两个方面的内涵：第一，两种政策组合可能存在较强的协同效应，而且会远高于单一政策工具；第二，政策工具的调整存在较强互动性，即加速折旧政策对固定资产投资的影响会通过三条路径传导并影响加计扣除政策的优惠强度。这不仅是政策间重要的传导机制，而且是政策工具组合释放出的三重红利。由于已有研究中鲜有对加计扣除政策和加速折旧政策组合的协同效应做深入探究，本章将从三重红利的视角研究加计扣除政策与加速折旧政策组合对企业研发投入的协同效应。

第一节　制度背景

研发费用税前加计扣除作为一种税基式优惠政策，对激励企业研发创新发挥着非常重要的作用。该政策最早可追溯到 1996 年，当年为贯彻落实《中共中央　国务院关于加快科学技术进步的决定》，积极推进经济增长方式转变，提高企业经济效益，财政部国家税务总局联合下发《财政部国家税务总局关于促进企业技术进步有关财务税收问题的通知》（财工〔1996〕41 号）。该通知首次就研发费用的范围和扣除标准做了较为明确的规定，随后《国家税务总局关于促进企业技术进步有关税收问题的补充通知》（国税发〔1996〕152 号）对政策执行口径进行细化。后续该政策的覆盖面和享受主体进一步扩大到所有财务核算制度健全的企业（具体内容可见财税〔2003〕244 号和财税〔2006〕88 号）。进入 21 世纪以来，尤其是党的十八大明确提出"科技创新是提高社会生产力和综合国力的战略支撑，必须摆在国家发展全局的核心位置"以来，加计扣除政策经过 2013 年、2015 年、2017 年、2021 年等多次调整，截至 2023 年 7 月，除负面清单行业、核定征收企业不能享受加计扣除政策以外，其他符合政策规定的企业均可享受该税收优惠政策。显然，加计扣除政策覆盖范围更大、加计扣除率更高、政策更具灵活性和可操作性，成为支持我国创新驱动发展战略、激励企业研发创新的最重要、最有活力且最具市场性的政策工具。2009—2015 年研发费用加计扣除减免税额增长了约 3 倍，年均增幅达 16.92%[①]，2022 年减税规模高达 7000 亿元。与此同时，全社会研发投资占 GDP 比值（研发投入强度）呈逐年上升态势，由 2009 年的 1.66% 上升到 2015 年的 2.07%，2022 年则高达 2.50%，

---

① 数据来源：历年《工业企业科技活动统计年鉴》，但该数据只公开到 2015 年。

其中，2017—2022 年企业研发投入年均增长率约为 25%[①]，由此形成了"研发投入力度加大—税收减免额增加—研发投入进一步加大"的良性循环。

为提高企业设备投资、更新改造及科技创新的积极性，促进我国制造业实现转型升级，加快发展"中国智造"，财政部国家税务总局相继出台《财政部 国家税务总局关于完善固定资产加速折旧企业所得税政策的通知》（财税〔2014〕75 号）、《财政部 国家税务总局关于进一步完善固定资产加速折旧企业所得税政策的通知》（财税〔2015〕106 号）以及《财政部税务总局关于扩大固定资产加速折旧优惠政策适用范围的公告》（财税〔2019〕66 号）等政策文件，对加速折旧政策的行业企业范围、仪器及设备范围、折旧方法等进行具体且明确的规定，尤其指出对我国制造业的重点行业以及与研发创新相关的仪器设备给予特别优惠。加速折旧政策体现的倾斜性、支持性以及优惠性非常明显，对加速研发创新活动中的仪器设备投资与更新换代，激励企业研发创新发挥着积极作用。

显然，两种政策工具的目标较为接近和趋同，都对企业研发创新活动具有支持和激励作用，只是在具体支持路径上存在差异：加计扣除政策以增加对研发投入（成本）的加计扣除而降低研发投入成本；加速折旧则增加企业前期成本扣除而减少资金占用并降低前期税负。对于理性企业而言，自然会同时选择两种政策工具。结合《研发费用加计扣除政策执行指引（2.0 版）》中研发费用加计扣除归集口径的具体规定，可加计扣除的研发费用范围包括人员人工费用、直接投入费用、折旧费用、无形资产摊销、新产品设计费等。其中，来自研发活动的仪器、设备的折旧费便与加速折旧政策直接相关。企业仪器、设备投资规模越大，前期产生的折旧费用将越多，企业享受到的加计扣除优惠税额便越大。

那么，两种政策工具组合是否会对企业研发创新产生"1+1>2"的"放大"效应，这有待于在本章后文中理论与实证的进一步探究与分析。

[①] 数据来源：中国经济网 http://views.ce.cn/view/ent/202307/03/t20230703_38613927.sht-ml。

第二节 理论基础与研究假定

一、文献综述

与本章研究密切相关的主要文献有三类。

（一）固定资产加速折旧政策相关研究

固定资产加速折旧政策是一项明确具体的减税政策，能提高企业当期投资时税收抵减规模，发挥"无息贷款"效应，能缓解企业融资约束压力，促进固定资产投资增加[1-2]。目前来看，关于固定资产加速折旧的文献主要集中包括如下两个方面内容。

第一，加速折旧政策与企业固定资产投资。作为加速折旧政策的直接影响目标，企业投资行为的变动是研究中关注的焦点。研究发现，当固定资产加速折旧政策产生即时现金流或使得现金流增加时，会使企业对固定资产投资产生强烈反应，反之则不会产生此效果[3]。我国自2014年起实施的固定资产加速折旧政策因具有税收优惠效应而显著增加了试点行业内企业固定资产投资规模，实现了该政策的预期目标[1-2, 4]。这是目前该领域研究的基本出发点，也基本形成了共识。进一步研究发现，加速折旧政策会加速固定资产更新与投资的同时，会产生两种截然不同的经济效应。一方面，由于企业资本性支出显著增加，激励企业配置更多高端资本要素，降低资本要素边际价值和边际成本间的偏离度，从而改善企业资本要素错配问题[5]。然而，该政策会导致固定资产利用率低，使得企业产能过剩并降低企业投资效率和企业绩效[6]。另一方面，固定资产投资规模增加会改变企业资本劳动比。加速折旧政策具有显著的就业吸纳效果，且该政策主要通过"替代效应"和"产出效应"（或称"规模效应"）影响劳动力就业，从而改变资本劳动比。固定资产会挤出低技能劳动力，高技能劳动力替代低技能劳动力，提升劳动力质量；短期内"产出效应"（或称"规模效应"）大于"替代效应"，"机器代人"效应会被"规模效应"抵消，从而加速折旧政策会发挥较好的就业效应[7-9]。

第二，加速折旧政策与企业研发创新。加速折旧政策与企业研发创新越来越受到学术界的关注和重视。已有研究表明，加速折旧政策对企业具有较为显著的研发创新效应，不仅能显著增加企业研发投入，还能改善企业专利结构，创新质量更高[10-11]。从本质上看，加速折旧政策主要是通过降低企业税负（税收优惠效应）和增强企业活力（绩效提升效应）两方面的渠道来发挥研发创新效应的[12]。

（二）研发费用税前加计扣除政策相关研究

研究表明，税收优惠政策（税收抵免）主要通过降低企业研发成本而发挥作用，一般以企业研发成本或增长率来度量激励效应[13-14]。相较于财政补贴，税收优惠政策更具市场性且被更多国家采用[15-17]。国内学者对加计扣除政策的研究多以评估和测度其技术创新效应为主，技术创新效应主要从研发投入和产出（专利和发明）两方面度量。相关研究具备如下两方面的特征。

第一，对创新激励效应的影响。从创新链全视角看，加计扣除政策对研发投入、研发产出（规模）和经济收益均具有较为显著的促进作用，不过在研发产出强度（相对值）方面的结论还存在一定差异[18-19]。加计扣除政策发挥激励效应的作用机制在于，该政策能增加可加计扣除的研发费用，从而能有效缓解企业融资约束压力，降低创新成本和风险，这也成为激励企业开展创新活动的重要举措。当然，该政策的激励效应会受到行业、产权及规模等异质性的影响[20]。

第二，对企业绩效提升、降低杠杆率和企业全要素生产率提高。虽然此类研究目标有异，但是加计扣除政策发挥作用的机制还是较为一致的。一方面，加计扣除政策会降低企业杠杆率，提升企业的内源融资能力；另一方面，加计扣除政策会通过激励企业研发创新来提升企业绩效，促进企业全要素生产率提高[21-23]。

从已有研究中不难发现，加计扣除政策是以降低企业研发成本，缓解企业融资约束为根本出发点，达到激励企业增加研发投入和创新积极性的目的。至于提升企业绩效等目标，也还是通过激励企业研发创新来实现的。

（三）政策工具组合相关研究

从理论上看，由于不同政策在工具特征、目标及作用机制方面存在差异，所以政策工具之间可能存在替代效应抑或互补效应[24]。

第一，税收优惠政策组合。加计扣除政策与税率优惠政策的叠加，会彼此抵消，难以有效发挥激励效应，原因在于高税率将更有助于增加税前抵扣成本，低税率时抵扣成本较少[25-26]。有研究表明，加速折旧政策与税率优惠政策组合时难以产生对企业研发投入的协同效应，即使企业处于不同生命周期中也均是如此[27]。从政策目标上看，税率优惠的目标更多，并不限于激励创新，税率优惠与加计扣除政策或加速折旧政策组合，可能难以出现较为显著的协同效应。加计扣除政策和加速政策的目标较为相似（激励创新），作用机制趋于相同（减小税基降低税负），政策之间也可能存在一定的交叉或关联，两种政策工具组合的协同效应或许会很显著，然而却鲜有研究关注到此领域。

第二，税收优惠政策与财政补贴组合。理论界对两种政策工具的基本共识是不同政策工具可能会彼此影响，这两种政策工具在目标、特征以及作用机制方面存在差异，导致其是替代效应还是互补效应还未达成一致[28]。一种观点表明，两种政策工具之间具有显著互补效应，政策组合的激励效应比使用单一政策工具更大[24]。另外，财政补贴的激励效应发挥还有待与税收优惠政策的配合使用，反之则反是；税收优惠政策与财政补贴共同使用时，激励效应更大[29]。

第三，税收优惠政策与其他管理手段或方式结合。若地方政府扩大审计对象的广度、提高审计目标深度并强化审计监督力度，则能有效地遏制加计扣除政策的策略性创新投入动机，提升加计扣除政策的激励效应[30]。同时，加强企业成本管理能显著缓解创新投入增长率的衰减[31]。另外，加计扣除政策的执行效果也与税务机关的监督和管理密切相关。研究表明，一方面，税务部门对研发支出的严格认定，将使得该政策的激励效果成倍增长，且税务人员素质提升在其中扮演重要角色[32]；另一方面，若企业存在研发操纵动机或行为，不仅会抑制加计扣除政策的激励效果[33]，同时还会损害税务部门认定的研发支出质量，弱化税务部门筛选高质量研发的能力。有研究分析加计扣除政策与专利保护的交互作用，研究表明专利保护的强化将削弱加计扣除政策的溢入作用或激励效果[34]。加计扣除政策的效果与其他相关措施的配合度有关。

综上所述，已有文献中较多地将研究聚焦于单一政策经济效应的评估和测度上，对加计扣除政策和加速折旧政策组合问题的研究鲜有涉及。然而，从政策文本上看，加计扣除政策与加速折旧政策目标较为相似，都是着眼于企业所得税税负这一层面，政策之间存在一定的交互。一方面，加速折旧政策能提前大额抵扣固定资产成本，以"无息贷款"的方式释放更多现金流的方式影响企业决策；另一方面，加速折旧政策能降低企业税负，增加固定资产投资或加快固定资产更新率，改变企业资本劳动力比率。那么，加速折旧政策的引致效应是否会影响到加计扣除政策的优惠力度呢？依据可加计扣除研发费用的六大范围，这些影响势必会造成可扣除费用的进一步增加，进而加计扣除政策的优惠强度将大幅提高。因此，这两种政策工具组合的效应可能远大于单一政策效应，进而出现了"1+1>2"的政策协同效应。尽管如此，既有文献中鲜有研究关注并涉及此领域，这将是开展本研究的重要缘起。

二、理论基础与研究假定

为识别加速折旧政策与加计扣除政策间的作用机制，本部分首先构建加计扣除政策优惠强度的测度模型，在此基础上构建包含两种政策工具的数理模型，并推导两种政策工具间的作用关系，以构成后文作用机制检验的前提。

（一）加计扣除政策优惠强度测度

根根据研发费用税前加计扣除政策规定，设 L，T_i 分别为企业营业收入和应纳所得税，R 为企业研发投入，ϕ^1，ϕ^2 分别为研发投入中费用化和资本化支出占比，λ 为加计扣除率，τ 为法定所得税率。考虑企业享受加计扣除政策与否的税后净利润，设 T_1，T_2 分别为企业享受加计扣除政策和未享受加计扣除政策的税后净利润，则

$$T_1 = [L - (1 + \lambda)\phi^1 R - (1 + \lambda)\phi^2 R/n] \times \tau \qquad (4-1)$$

$$T_2 = (L - \phi^1 R - \phi^2 R/n) \times \tau \qquad (4-2)$$

$$\tilde{T} = T_1 - T_2 = \lambda\tau(\phi^1 + \phi^2/n)R \qquad (4-3)$$

其中，$\tilde{T}$ 表示加计扣除的优惠税额。显然，在 λ，τ，n 保持固定不变时，$\tilde{T}$ 的大小与

R 正相关。根据 OECD（2019）的测算[1]，OECD 国家企业 ϕ^1、ϕ^2 的比值大约为 0.9 : 0.1。对本样本企业的估算表明，我国企业的这一比值也接近于 0.9 : 0.1。因此，研发投入越多，企业享受的加计扣除税收减免额越大，该政策的税收优惠强度也将越大。

（二）税收优惠政策组合机理识别

借鉴已有研究的思路和分析框架[35]，构建以 R&D 资本为唯一投入品的柯布-道格拉斯生产函数（C-D 函数）。在 R&D 资本积累运动方程约束下，企业最大化股东价值的净现值。企业生产函数为：

$$F(K_t) = AK^\alpha \qquad (4-4)$$

企业最优化决策为：

$$V_t(K_{t-1}) = \max_{R_t}\{\Pi_t(K_t) + \beta_{t+1}E_t(V_{t+1}(K_t))\} \qquad (4-5)$$

$$s.t\ K_t = (1-\delta)K_{t-1} + R_t \qquad (4-6)$$

其中，δ 为折旧率，V_t 为企业最大的当前收益值，以 K_{t-1} 表示企业中积累的知识资本函数。知识积累遵循式（4-6）所示的运动方程，第 t 期知识资本取决于其上一期资本的净折旧值与新投资 R&D 资本 R_t。β_{t+1} 为贴现因子。

为实现分析上的简化，假定无折旧和调整成本，R&D 投资 R_t 全部来自企业留存收益。另外，假定企业为要素和产出市场价格接受者。在政府征税时，企业收益为：

$$\Pi_t(K_t,R_t) = (1-\tau)[p_tF(K_t) - (\phi_t^1 + \phi_t^2/n)p_t^kR_t] + \Delta_t p_t^k R_t \qquad (4-7)$$

其中，p_t 为第 t 期产出价格，p_t^k 为投入品价格，n 为无形资产摊销率，Δ_t 为加计扣除政策税收减免率，即 $\Delta_t = \lambda\tau(\phi_t^1 + \phi_t^2/n)$。基于式（4-4）～（4-7）可得到如下一阶条件，即 R&D 资本的边际产品价值等于其使用者成本。由于 $\phi_t^1 + \phi_t^2$ 近似等于 $\phi_{t+1}^1 + \phi_{t+1}^2$，那么 $\Delta_t = \Delta_{t+1}$，即可得到式（4-8）：

---

① OECD Science, Technology and Industry 报告的数据显示，OECD 国家研发支出中费用化和资本化支出的比例约为 9 : 1。

$$\frac{\partial V_t}{\partial K_t} = (1-\tau)\left[p_t F'(K_t) - (\phi_t^1 + \phi_t^2/n)p_t^K\right] + \Delta_t p_t^K + \beta_{t+1} E_t\left[(1-\tau)(\phi_t^1 + \phi_t^2/n) - \Delta_t\right]p_{t+1}^K \tag{4-8}$$

$$p_t F'(K_t) = \left[(1-\tau)(\phi_t^1 + \phi_t^2/n) - \Delta_t\right]p_t^K - \beta_{t+1} E_t\left[(1-\tau)(\phi_t^1 + \phi_t^2/n) - \Delta_t\right]p_{t+1}^K$$

$$= p_t^K\left[(1-\tau)(\phi_t^1 + \phi_t^2/n) - \Delta_t\right](1 - \beta_{t+1} E_t p_{t+1}^K/p_t^K)/(1-\tau) \tag{4-9}$$

对式（4-9）求 K_t 的偏导数，得到：

$$\frac{\partial \Delta_t}{\partial K_t} = \frac{p_t \alpha(1-\tau)(1-\alpha)A K_t^{\alpha-2}}{1 - \beta_{t+1} E_t p_{t+1}^K/p_t^K} \tag{4-10}$$

由于 $0<\alpha<1$，则 $\frac{\partial \Delta_t}{\partial K_t}>0$。这表明，随着资本（固定资产）数量增加，企业享受加计扣除政策的税收优惠强度将加大。

基于上述模型推导，可得到本部分的基本研究假定 H1：

H1 加速折旧政策激励企业增加固定资产投资，会进一步增大加计扣除政策的优惠强度，并额外增加企业研发投入，即两种政策工具组合会产生 "1+1＞2" 的协同红利效应。

（三）作用机制分析

基于上述分析，我们总结出三重协同红利的作用机制如下。

1. 现金流放大效应

加速折旧法相较于传统直线折旧法或年限折旧法，会让企业以缩短固定资产折旧年限的方式，在投资前期尽可能多地计提折旧以增加初期折旧额，减少后期部分折旧，尽快实现弥补固定资产成本、减轻其资金负担的目标[36]。企业通过新增固定资产，增加前期所得税可扣除成本以减少税基和所得税费用，实现投资减税的目标。因此，加速折旧政策本质上是一种具有融资属性的税收优惠政策，能重构企业的现金流关系，相当于企业获得一部分外部融资，等价于为企业增加一笔"短期无息贷款"[37]。据统计，加速折旧政策在增加企业固定资产投资规模的同时，会在短期内使企业节约现金率达23%[7]，从而释放并增加现金流，缓解企业融资约束压力。对于从事研发创新活动的企业而言，在我国资本市场尚不完备、"融资难、融资贵"问题尚普遍存在的情况下，现金流（内源性资金）增加使企业加大研发投入力度成为可能。融资优序理论认为，企业会更加依赖内部现金流而非外源性债权或权益资金进行投资。经验证据也表明，企业进行研发投资时会高度依赖内部现金流，且内部现金流对研发投入的影响显著为正。

依据式（4-3）且在其他条件保持不变的情况下，增加研发投入会增大加计扣除政策优惠强度，从而进一步增加企业研发投入水平，进入"研发投入增加—加计扣除优惠强度增大—研发投入进一步增加"的良性循环。

因此，提出研究假定 H2：

H2　加速折旧政策会增加企业现金流，为企业加大研发投资、增加加计扣除政策税收减免额提供可能，最终增加企业研发投入。

2. 研发设备叠加效应

固定资产加速折旧政策对制造业重点行业以及研发创新仪器设备尤为倾斜与支持。一方面，要素替代理论认为，研发资产价格较其他资产更高，技术会对昂贵要素进行替代以形成有偏技术进步；另一方面，研发资产投资因节税效应和减少资金占用率而提升相对收益率，从而为增加研发资产投资提供可能。结合资产定价模型，资本偏向型的加速折旧政策必然会影响投资者对资产的风险和收益进行再评估，以期达到在一定风险下追求更高收益，或在一定收益下追求更低风险，实现风险与收益的最优匹配，从而最终实现研发资产投资规模的扩大。相应地，增加研发资产投资会在前期多计提折旧费而进一步增加扣除成本，从而降低研发投入成本并增加减税额。

因此，提出研究假定 H3：

H3　加速折旧政策会激励企业增加研发资产投资进而增加加计扣除政策税收减免额，最终增加企业研发投入。

3. 研发人员互补效应

要素替代理论认为，加速折旧政策的实施会产生两种替代效应。其一，资产相较于劳动的价格更低，导致资本代替人的现象发生；其二，先进的研发资产相较于一般资产价格更低，先进的研发资产会替代一般资产，从而改变资本配置结构。上述替代效应的结果便是先进资产对劳动力更具比较优势，企业会降低对劳动力需求，尤其是低技能劳动力被挤出[38-39]。与此同时，先进的研发资产引入会引致高技能劳动力对低技能劳动力的替代，以与企业研发创新活动相适应，更多研发人员被引进从而降低对低技能劳动力的需求。研究表明，先进自动化技术的出现和广泛应用会减少企业对低技能劳动力的需求，转而引致对高技能劳动力的需求，以实现高技能劳动力与先进技术和资产互补[40-41]。同样地，先进研发资产投资规模增加必然需要引入更多研发人员以达到资本劳动力的合理配置。由于研发人员的相关费用都可作为人员经费核算，在加计扣除率等条件保持不变的情况下，此类费用增加会增加企业加计扣除税收减税额，进一步增加加计扣除政策的激励效应，从而激发企业增加研发投入规模。

因此，提出研究假定 H4：

H4 加速折旧政策会增加企业研发人员规模进而增加加计扣除政策税收减免额，最终增加企业研发投入。

基于上述分析，我们绘制了作用机制示意图，如图4-1所示。

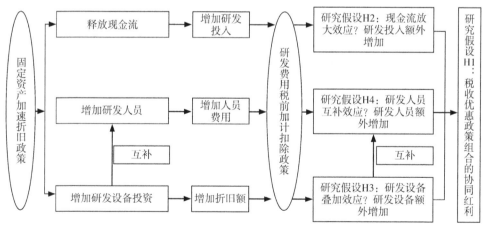

图4-1 税收优惠政策组合协同红利的作用机制示意

第三节 研究设计

一、样本和数据来源

考虑到 2019 年起所有企业均能享受固定资产加速折旧政策优惠，本章选取 2009—2018 年 A 股非 ST、非金融保险行业上市公司为初始样本，并剔除数据缺失样本，最终得到 14038 个样本观测值。为消除极端值影响，对所有涉及连续变量在 1% 和 99% 分位上进行缩尾处理。

本章使用的数据如下：①固定资产加速折旧政策和研发费用加计扣除政策相关数据来自财税〔2014〕75 号文、财税〔2015〕106 号文和财税〔2019〕66 号文；②机制分析部分所使用专利数据来自国家知识产权局；数字化投入数据来自上市公司年报管理层讨论文本中有关数字化的词频统计。其他变量数据均源于国泰安数据库。

二、变量定义

（一）被解释变量

本章被解释变量为企业研发投入。为消除企业规模影响，我们采用研发投入强度，即企业研发投入与总资产的比值来度量。此外，用研发投入规模（对数值）进行稳健性分析。

（二）解释变量

本章关注的焦点是税收优惠政策组合的协同效应，即固定资产加速折旧政策变量与加计扣除政策变量的交乘项。若企业当年享受加速折旧政策优惠，则该变量赋值为 1，否则为 0。研发加计扣除政策强度依据式（4-3）计算而来，为消除行业差异，对企业研发投入占行业比重进行加权处理。

（三）中介变量

我们从三个渠道考察政策组合的协同红利。

（1）内部现金流。采用企业融资约束指标度量，融资约束越低，内部现金流越充裕。具体而言，我们选用 SA 指数和 FC 指数从不同维度度量企业融资约束程度。选择 SA 指数的理由是其不包含内生性变量，能够避免其他融资约束指标的测度偏误等问题，在实践中应用较多。选择 FC 指数的理由则是其能更好反映内部现金流的影响，与本书的作用机制较为契合。

（2）研发设备购置。因无法直接获得企业研发设备购置数据，本章采用企业数字化投入力度来间接衡量。依据在于，企业购置研发设备时，往往也在云计算、人工智能、智能机器人等数字技术方面加大投入。因此，我们利用上市公司年报和文本分析方法，基于数字化词库构建企业数字化转型的词频数据，并加 1 取对数，以此衡量企业数字化投入力度，并间接反映企业研发设备购置支出[38]。

（3）研发人员雇用。用企业研发部门人数的对数值来表示。

（四）控制变量

为控制影响企业研发活动的经营和治理结构特征，我们进一步控制企业资产负债率、企业年龄、第一大股东占比和企业董事长与总经理是否两职合一等变量。

主要变量定义及其描述性统计如表 4-1 所示。

表4-1 主要变量定义及其描述性统计

变量	变量名	变量含义	观测值	均值	方差	最小值	最大值
被解释变量	Rdintensity	研发投入强度（研发投入/总资产）	14038	0.020	0.020	0.000	0.080
解释变量	PolicyMix	政策组合交乘项（AD×ETD）	14038	−0.110	0.990	−5.340	10.580
	AD	加速折旧政策变量（去中心化）	14038	−0.010	0.470	−0.340	0.660
	ETD	加计扣除政策变量（去中心化）	14038	0.110	2.390	−1.140	15.920

续表

变量	变量名	变量含义	观测值	均值	方差	最小值	最大值
中介变量	SA	融资约束：SA 指数	14038	−3.730	0.260	−5.200	−1.980
	FC	融资约束：FC 指数	12428	0.460	0.280	0.000	0.990
	RDdevice	研发设备规模（数字化程度对数值）	11395	2.570	1.170	0.000	5.860
	RDemploy	研发人员规模（对数值）	7247	5.520	1.330	0.690	10.650
控制变量	logage	公司年龄(对数值)	14038	2.800	0.340	0.000	4.140
	debtrate	资产负债率	14038	43.040	20.380	0.750	91.170
	H_lrghldrt	第一大股东占比	14038	36.030	15.250	2.200	89.090
	H_cmceo_dum	高管两职合一（是，为1；否，为0）	14038	0.010	0.080	0.000	1.000

三、模型设计

本章实证建模思路主要基于固定资产加速折旧政策特点，使用多期 DID 模型识别该政策的创新激励效应。在此基础上，引入加计扣除政策优惠强度变量与加速折旧政策 DID 变量的交乘项来捕捉政策组合效应。最终回归方程如下所示：

$$\text{Rd int ensity}_{it} = \tilde{\alpha}_0 + \tilde{\beta}_1 \text{ETD}_{it} \times \text{AD}_{it} + \tilde{\beta}_2 \text{AD}_{it} + \tilde{\beta}_3 \text{ETD}_{it} + \gamma X_{it} + \mu_i + \delta_t + \varepsilon_{it}$$

$$(4-10)$$

其中，$\text{Rd int ensity}_{it}$ 为研发投入强度（i 代表企业，t 代表年份），该值越高表明企业研发投入越高。AD_{it} 表示固定资产加速折旧政策变量，ETD_{it} 为加计扣除政策的优惠强度，其根据式（4-3）计算得到。值得注意的是，两种政策的交乘项 ETD_{it}　AD_{it} 为本章关注的核心解释变量，用以捕捉政策组合效应。如果回归系数 $\tilde{\beta}_1$ 为正，则说明政策组合产生了协同红利，反之，则无证据表明存在协同红利。为更好比较并区分两种政策自身效应（$\tilde{\beta}_2$ 及 $\tilde{\beta}_3$）与净效应（$\tilde{\beta}_1$），并保证回归结果的可比性，本章在实证分析中均对 AD_{it} 和 ETD_{it} 采取去中心化处理。

第四节　实证分析

一、基准回归结果

表4-2报告了基准回归结果。列（1）~列（4）汇报了以研发支出强度度量研发投入的信息。列（1）报告只考虑加速折旧政策和加计扣除政策各自效应的结果。结果显示，两种政策均在1%水平上显著增加了企业研发支出强度，加速折旧政策增加了18.52%，加计扣除政策增加了9.97%。进一步地，本章引入两种政策的交互项来捕捉政策组合的净效应。回归结果如列（2）~列（4）所示。其中，列（2）为只控制时间和行业固定效应的结果，列（3）~列（4）依次增加了公司经营状况和治理特征的控制变量。以列（4）为例，结果显示在两种政策分别显著增加企业研发支出的同时，还通过协同发力额外增加了2.33%的研发投入（0.00043/0.0184626=2.33%）。此外，为排除被解释变量度量方式对结果的影响，本章在列（5）以研发支出规模（对数值）来度量研发投入，回归结果仍一致。研究假设H1成立。

表4-2 基准回归结果

变量	（1）	（2）	（3）	（4）	（5）	（6）	（7）
	研发支出强度				研发支出规模	费用化研发支出强度	资本化研发支出强度
政策组合交乘项	—	0.00029** （2.155）	0.00043*** （3.187）	0.00044*** （3.202）	0.06258*** （3.795）	0.00051*** （3.550）	0.00012*** （2.737）
加速折旧政策	0.00334*** （8.146）	0.00342*** （8.368）	0.00356*** （8.826）	0.00356*** （8.839）	0.08659** （2.277）	0.00197*** （4.204）	0.00047*** （3.119）
加计扣除政策	0.00180*** （25.463）	0.00184*** （24.837）	0.00200*** （26.468）	0.00202*** （26.568）	0.48035*** （50.053）	0.00171*** （21.025）	0.00023*** （9.301）
企业年龄（对数）	— —	— —	−0.00243*** （−6.602）	−0.00254*** （−6.710）	−0.19678*** （−5.794）	−0.00257*** （−5.897）	−0.00017 （−1.339）
资产负债率	— —	— —	−0.00011*** （−17.538）	−0.00011*** （−17.374）	0.00658*** （10.349）	−0.00010*** （−14.931）	0.00001*** （4.960）

变量	（1）	（2）	（3）	（4）	（5） 研发支出规模	（6） 费用化研发支出强度	（7） 资本化研发支出强度
			研发支出强度				
第一股东比例	—	—	—	−0.00001	0.00736***	−0.00001	−0.00001***
	—	—	—	（−1.335）	（10.420）	（−0.769）	（−3.724）
两职合一	—	—	—	−0.00361***	0.99560***	−0.00314**	0.00080
	—	—	—	（−3.061）	（8.061）	（−2.418）	（1.276）
年份固定	YES	YES	YES	YES	YES	YES	YES
行业固定	YES	YES	YES	YES	YES	YES	YES
N	13998	13998	13998	13998	13998	11237	11237
R^2	0.411	0.411	0.428	0.428	0.545	0.408	0.143

注：*、**和***分别表示在10%、5%和1%水平上显著；括号内数值为t值。

进一步，本章将研发支出区分为费用化支出和资本化支出两种类型进行分析。理由在于，不同类型研发支出享受政策优惠力度存在较大差异，费用化研发支出可在当年全部享受税收优惠政策带来的节税效应，而资本化研发支出只能通过分期摊销的方式来享受政策红利。因此，费用化研发支出对税收优惠政策组合的红利更加敏感，政策组合红利也相应更加显著。回归结果如表4-2列（6）~列（7）所示。税收优惠政策组合均在1%水平上显著地额外增加了企业费用化支出和资本化支出，但前者的协同效应明显高于后者（分别为0.00051和0.00012）。

二、稳健性分析

（一）删除2018年的样本

根据《关于设备、器具扣除有关企业所得税政策的通知》（财税〔2018〕54号）的规定，自从2018年1月1日起，所有制造业企业实质上已开始以较低强度享受加速折旧政策优惠[1]。为消除该因素的影响，我们删除2018年的样本并重新回归，如表4-3列（1）所示，结果和基准回归结果一致。

（二）仅保留净利润或所得税税负的企业

对于所得税税负或净利润为负的企业而言，即使税前抵扣额增加，也难以降低企业实际税负。为此，我们选择净利润和所得税为负的企业做回归，结果如表4-3列

（2）~列（3）所示。政策组合的回归系数均不显著，这进一步支撑了基准回归结论。

（三）在行业层面聚类标准误

由于固定资产加速折旧政策是分行业实施的，这可能造成同行业内企业存在误差自相关问题。为此，本章在行业层面进行标准误聚类分析并重新进行回归，如表4-3列（4）所示，结果和基准回归结果一致。

表4-3 稳健性分析

变量	（1）删除 2018 年样本	（2）仅保留净利润为负样本	（3）仅保留所得税税负为负样本	（4）在行业层面聚类标准误差
政策组合交乘项	0.00057***（3.441）	0.00037（0.645）	0.00218（1.115）	0.00044*（1.732）
加速折旧政策	0.00332***（7.705）	0.00375**（2.385）	0.00735**（2.118）	0.00356***（6.444）
加计扣除政策	0.00220***（24.042）	0.00178***（5.458）	0.00261***（3.087）	0.00202***（10.607）
企业年龄(对数)	−0.00224***（−5.514）	−0.00282（−1.476）	−0.00254（−1.127）	−0.00254**（−2.506）
资产负债率	−0.00012***（−17.028）	−0.00010***（−4.215）	−0.00019***（−4.624）	−0.00011***（−6.534）
第一股东比例	−0.00001（−1.557）	−0.00004（−1.420）	−0.00006（−1.129）	−0.00001（−0.492）
两职合一	−0.00438***（−3.876）	−0.00478（−0.960）	0.00341（0.611）	−0.00361*（−1.745）
年份固定	YES	YES	YES	YES
行业固定	YES	YES	YES	YES
N	11876	1165	553	13998
R^2	0.418	0.382	0.402	0.428

注：*、**和***分别表示在10%、5%和1%水平上显著；括号内数值为t值。

（四）安慰剂检验

为进一步验证回归结果具有经济含义，本章采用对解释变量随机赋值，并重复500次进行安慰剂检验以排除偶发性偏误干扰，回归结果如图4-2所示。结果表明，真实政策组合的效果远离 500 次随机回归系数的分布，这表明基准回归并非偶然事件结果，实证结果稳健成立。

（五）平行趋势假设检验

本章在基准回归中使用加速折旧政策构造 DID 变量与加计扣除政策的交乘项来捕捉政策组合的协同红利效应。该检验思路的前提在于加速折旧政策 DID 回归符合平行趋势假设。为验证其合理性，我们仅考虑加速折旧政策并使用事件发生法，构建不同年份虚拟变量与是否属于加速折旧政策优惠企业的交乘项，进行平行趋势假设检验。检验结果如图 4-3 所示。事件前交乘项回归系数均不显著，平行趋势假设检验满足，这表明以式（4-11）来捕捉政策组合效应的思路在方法上是合理的。

综上，本章的基本研究假定 H1 成立。

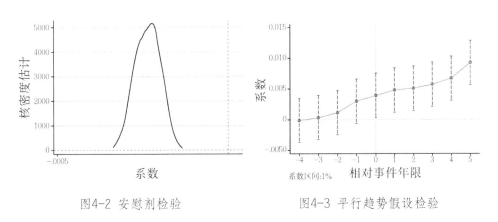

图4-2 安慰剂检验　　　　　图4-3 平行趋势假设检验

三、机制检验

（一）现金流放大效应

加速折旧和加计扣除政策的共同特点之一在于，均通过降低或递延企业应缴所得税税款增加企业财务松弛度，进而增加研发投资机会。更重要的是，加速折旧政策在前期会产生节税效应，而加计扣除政策会使企业将更多资金投入研发活动。由此可以判断，政策组合协同红利的一个重要表现就是该政策组合产生了现金流放大效应。因此，先对此进行检验。

具体而言，分别选择SA指数和FC指数作为被解释变量，得到的回归结果如表4-4

列（1）和列（2）所示。回归结果显示，政策组合都在1%水平上显著额外降低了企业融资约束水平。这表明政策组合产生了现金流放大的协同红利，比政策分别实施的现金流增加要更大，进而为增加研发投入提供了额外的资金支持。因此，研究假定 H2 得以证实。

表4-4 作用机制检验

变量	（1） 融资约束：SA 指数	（2） 融资约束：FC 指数	（3） 研发设备规模	（4） 研发人员规模
政策组合交乘项	−0.00783*** （−3.874）	−0.01642*** （−6.877）	0.04943*** （5.015）	0.12166*** （6.326）
加速折旧政策	−0.02673*** （−4.665）	0.01559*** （2.707）	0.14288*** （4.440）	−0.19320 （−1.489）
加计扣除政策	0.01556*** （10.940）	−0.03373*** （−28.082）	0.06713*** （11.996）	0.31278*** （32.313）
企业年龄(对数)	−0.46884*** （−48.769）	−0.05399*** （−9.126）	−0.11049*** （−3.717）	0.03675 （0.824）
资产负债率	−0.00040*** （−4.532）	−0.00861*** （−92.698）	0.00266*** （4.969）	0.01262*** （16.470）
第一股东比例	0.00083*** （6.910）	−0.00115*** （−10.155）	0.00086 （1.405）	0.00435*** （4.983）
两职合一	0.13766*** （5.280）	−0.16252*** （−9.356）	0.30812*** （2.740）	0.82836*** （5.074）
年份固定	YES	YES	YES	YES
行业固定	YES	YES	YES	YES
N	13998	12383	11352	7224
R^2	0.585	0.634	0.451	0.482

注：*、**和***分别表示在10%、5%和1%水平上显著；括号内数值为 t 值。

（二）研发设备叠加效应

研发设备购置因加速折旧政策增加前期折旧费用及税前抵扣额，增加的折旧费用会在加计扣除政策作用下进一步叠加和放大。表4-4列（3）回归结果显示，政策组合在1%水平上额外增加了企业数字技术投入，这表明加速折旧和加计扣除政策不仅有助于增加企业研发设备购置，也实现了政策组合的协同红利。因此，研究假定 H3 得以证实。

（三）研发人员互补效应

在企业生产经营活动中，研发设备与研发人员往往存在互补关系，增加研发设备购置，通常也会扩大研发人员规模。虽然企业增加雇用研发人员不能直接享受政策协同红利，但可通过与研发设备的互补而间接惠及。如表 4-4 列（4）所示，两种税收优惠政策不仅直接增加企业研发设备购置，也通过要素互补增加研发人员规模。因此，研究假定 H4 得以证实。

四、异质性分析

（一）企业内部特征的异质性分析

政策组合能否充分发挥对企业研发激励的协同红利效应，取决于企业能否通过政策获得足够多的税前抵扣和企业适用所得税税率，两者共同决定了企业享受的税收优惠程度。显然，企业税前抵扣越多，或适用所得税税率越高，协同红利越明显。此外，政策组合的协同红利还与企业所处阶段有关。在成长期，企业对资金需求较大，研发活动也较密集，因而更能激励企业利用政策组合实现节税和增加现金流目的。基于此，我们分别检验所得税税负、适用所得税税率及生命周期阶段差异导致的政策组合红利差异。具体分析结果如表 4-5 所示。

表4-5 异质性分析（企业内部特征差异）

变量	（1）	（2）	（3）	（4）	（5）	（6）	（7）
	不同所得税税负水平		是否为高科技企业		不同生命周期阶段		
	低	高	高科技	非高科技	成长期	成熟期	衰退期
政策组合交乘项	0.00037* （1.796）	0.00073*** （3.352）	0.00009 （0.605）	0.00061** （2.252）	0.00087*** （3.400）	0.00028 （1.146）	0.00009 （0.249）
加速折旧政策	0.00391*** （6.673）	0.00197*** （3.431）	0.00269*** （4.077）	0.00320*** （5.596）	0.00347*** （5.890）	0.00492*** （6.995）	0.00365*** （3.472）
加计扣除政策	0.00262*** （17.166）	0.00193*** （19.481）	0.00148*** （19.652）	0.00326*** （17.764）	0.00209*** （17.317）	0.00197*** （14.348）	0.00249*** （10.644）

续表

变量	（1）	（2）	（3）	（4）	（5）	（6）	（7）
	不同所得税税负水平		是否为高科技企业		不同生命周期阶段		
	低	高	高科技	非高科技	成长期	成熟期	衰退期
企业年龄（对数）	−0.00415***	−0.00135***	−0.00279***	−0.00231***	−0.00236***	−0.00209***	−0.00353***
	（−6.589）	（−2.836）	（−5.048）	（−4.359）	（−4.441）	（−3.007）	（−3.281）
资产负债率	−0.00010***	−0.00011***	−0.00012***	−0.00010***	−0.00011***	−0.00012***	−0.00011***
	（−12.050）	（−11.496）	（−11.323）	（−12.670）	（−11.097）	（−10.512）	（−7.719）
第一股东比例	−0.00002	0.00000	−0.00005***	0.00001	−0.00001	−0.00002	−0.00003
	（−1.459）	（0.092）	（−4.371）	（1.343）	（−0.715）	（−1.388）	（−1.352）
两职合一	−0.00321	−0.00337***	−0.00189	−0.00568***	−0.00417***	−0.00333	−0.00168
	（−0.845）	（−2.956）	（−0.673）	（−4.412）	（−2.761）	（−1.434）	（−0.722）
年份固定	YES	YES	YES	YES	YES	YES	YES
行业固定	YES	YES	YES	YES	YES	YES	YES
N	6941	7037	5672	8326	6744	4829	2288
R^2	0.384	0.508	0.579	0.295	0.405	0.465	0.438

注：*、**和***分别表示在10%、5%和1%水平上显著；括号内数值为t值。

1. 不同所得税税负水平

以企业所得税相对总资产比例作为分组依据，选取税负最低的50%的企业作为低所得税税负组，税负最高的50%作为高所得税税负组。分样本回归结果显示（表4-5中列（1）和列（2）），高所得税税负组回归系数要大于低所得税税负组。

2. 不同适用所得税税率

为检验适用所得税税率不同导致的协同红利效应差异，我们以否为高科技行业企业为标准将样本分为普通税率和优惠税率企业两组。依据在于，相较于非高科技企业适用普通税率（25%），高科技企业可享受低于25%的优惠税率，这意味着相同所得税优惠政策导致高科技企业可抵扣税额更少。因此，政策组合可能对非高科技企业资金压力缓解及创新风险降低效果更突出，红利效应也更显著。为此，我们参考彭红星和毛新述[42]做法进行分样本回归。结果和预期一致，非高科技企业受益于协同红利，额外增加了研发投入，而高科技行业企业则并不显著，如表4-5中列（3）和列（4）所示。

3. 不同生命周期阶段

企业研发创新活动受制于自身资源禀赋，尤其是内源性资金等因素影响，不同阶段对资金的需求也不同。一般而言，成长期企业需要较多的固定资产投入和密集的研发活动，对税收优惠政策更加敏感，能享受到的政策组合红利也更显著。进入成熟期，企业生产活动趋于稳定，研发活动对税收优惠政策的敏感程度下降。一旦企业进入衰退期，则企业必定减少研发创新活动，对税收优惠政策的敏感度自然随之下降。因此，我们预期税收优惠政策组合对成长期企业研发投入的激励效应更加显著。借鉴刘诗源等[43]的处理方法，将样本企业划分为成长期、成熟期和衰退期三个阶段，并进行分样本回归，回归结果如表4-5列（7）和列（9）列所示。结果显示，政策组合的协同红利效应集中体现在成长期阶段，和我们的预期相一致。

（二）企业外部特征的异质性分析

1. 行业竞争环境的异质性

对处在竞争激烈的行业企业，需要更为精细地节省成本，包括充分利用政策，来提高竞争力，因此税收优惠政策组合表现出的协同红利效应将更为明显。因此，我们以赫芬达尔指数作为行业竞争程度的衡量指标，进行分组回归。回归结果如表4-6列（1）和列（2）所示。回归结果表明，竞争激烈程度高的行业，政策组合在1%显著性水平上额外提高了企业的研发投入，产生了协同红利；低竞争程度企业的协同红利并不显著。

表4-6 异质性分析（企业外部特征差异）

变量	（1）	（2）	（3）	（4）
	行业竞争环境差异		地区营商环境差异	
	低赫芬达尔行业	高赫芬达尔行业	低市场化得分地区	高市场化得分地区
政策组合交乘项	0.00021 （1.084）	0.00052*** （2.592）	0.00075*** （3.018）	0.00077*** （4.316）
加速折旧政策	0.00350*** （5.991）	0.00323*** （5.881）	0.00367*** （5.277）	0.00361*** （6.554）
加计扣除政策	0.00266*** （19.412）	0.00176*** （17.441）	0.00252*** （17.412）	0.00200*** （21.466）

续表

变量	（1）	（2）	（3）	（4）
	行业竞争环境差异		地区营商环境差异	
	低赫芬达尔行业	高赫芬达尔行业	低市场化得分地区	高市场化得分地区
企业年龄（对数）	−0.00352***	−0.00178***	−0.00270***	−0.00240***
	（−5.562）	（−3.647）	（−3.561）	（−5.391）
资产负债率	−0.00013***	−0.00008***	−0.00014***	−0.00009***
	（−13.295）	（−8.957）	（−13.890）	（−10.662）
第一股东比例	0.00002	−0.00006***	0.00001	−0.00003***
	（0.692）	（−4.144）	（1.063）	（−2.917）
两职合一	0.00006	−0.00808***	−0.00291	−0.00337**
	（0.040）	（−4.828）	（−1.573）	（−2.032）
年份固定	YES	YES	YES	YES
行业固定	YES	YES	YES	YES
N	6991	6997	4966	9196
R^2	0.448	0.455	0.408	0.434

注：*、**和***分别表示在10%、5%和1%水平上显著；括号内数值为t值。

2.地区营商环境的异质性

市场化程度高的地区，能够在行政和政策服务上为企业提供更多便捷，企业也更有激励积极争取政策红利，从而缓解企业资金压力并增加创新投入。同时，对于市场化程度较高的地区，充分的市场竞争迫使企业不断进行技术创新来培育竞争优势，企业增加研发投入的需求也更大。因而，对于市场化程度高的地区，政策组合的协同红利效应将更显著。本章以中国分省份市场化指数作为分组依据[44]，选择低于50%分位数样本作为低市场化地区，高于50%分位数样本作为高市场化地区，检验结果［表4-6列（3）和列（4）］表明，虽然两类地区都享受到了政策组合的协同红利，但高市场化地区要高于低市场化地区。这表明对于低市场化地区，政策协同红利的惠及存在相对较多阻碍因素，还有待进一步优化。

五、进一步分析

（一）对企业创新产出的影响

我们还进一步从创新产出的维度，考察税收优惠政策组合的协同红利效应。回归结果如表4-7所示。列（1）~列（4）分别以专利总数、外观设计专利、实用新型专利以及发明专利作为被解释量进行检验。回归方程和控制变量均与基准回归方程一致。回归结果显示，政策组合显著增加了企业创新产出，分别增加了8.57%、9.65%、5.79%和6.52%。这意味着相对于政策单独实施，政策组合的三重红利不可忽视。另外，针对加计扣除政策是否确实提高企业研发产出，现有文献存在较多争议[118]。例如，企业可能具有创新迎合倾向，会通过购置先进机器设备并加速折旧以增加当前研发投入，然而增加这种研发投入仅仅是为了追求政策红利而进行的"创新"，并不能显著提高创新产出[45]。回归结果显示，在评估加计扣除政策的创新产出效果时，还应考虑与其他政策组合的协同效应。本结论虽无证据表明加速折旧政策直接促进了研发产出，但可能通过与其相互配合，间接提升企业创新产出。

表4-7 进一步分析（对研发产出的影响）

变量	（1）	（2）	（3）	（4）
	专利总数	外观设计专利数	实用新型专利数	发明专利数
政策组合交乘项	0.08570*** （4.604）	0.09695*** （7.092）	0.05786*** （4.005）	0.06516*** （4.002）
加速折旧政策	0.03201 （0.625）	0.07158*** （2.631）	0.02179 （0.547）	0.00977 （0.216）
加计扣除政策	0.18293*** （18.875）	0.07154*** （11.831）	0.12064*** （15.814）	0.16735*** （18.952）
企业年龄（对数）	−0.18840*** （−3.969）	−0.00620 （−0.252）	−0.12763*** （−3.442）	−0.11536*** （−2.802）
资产负债率	0.00035 （0.469）	−0.00049 （−1.302）	0.00115** （1.991）	0.00176*** （2.669）
第一股东比例	0.00422*** （4.286）	0.00092* （1.798）	0.00241*** （3.149）	0.00345*** （3.927）
两职合一	1.23950*** （5.398）	0.67678*** （4.401）	0.48185** （2.259）	1.37018*** （6.194）
年份固定	YES	YES	YES	YES
行业固定	YES	YES	YES	YES

续表

变量	（1）	（2）	（3）	（4）
	专利总数	外观设计专利数	实用新型专利数	发明专利数
N	13998	13998	13998	13998
R^2	0.265	0.268	0.290	0.249

注：*、**和***分别表示在10%、5%和1%水平上显著；括号内数值为t值。

（二）对其他要素投入的影响

税收优惠政策组合降低了企业固定资产和研发活动相关投入的价格，增加了其他要素投入的相对价格。那么，税收优惠政策组合协同红利是否对其他要素投入产生了替代影响？第一，为检验是否会引致资本对劳动力的替代，分别以非研发员工总数作为被解释变量，回归结果如表4-8中列（1）所示。回归结果显示，政策组合不仅没有降低反而在1%水平上显著增加了企业非研发人员雇佣规模。这表明政策组合并未引致资本对劳动力的替代，反而产生了互补效应。原因可能是政策组合的现金流放大效应大于要素替代效应，非研发员工也受益于政策组合带来的现金流红利。第二，我们还分析了对非研发类固定资产的作用效果。相对于固定资产加速折旧政策，加计扣除政策主要是对固定资产中的具有一定技术含量的资产产生协同效应，那么是否会激励企业减少对技术含量较低的固定资产购置呢？为此，以厂房规模作为被解释变量，回归结果如4-8中列（5）和列（6）所示。回归结果表明，研发投入协同效应红利并未以低技术固定资产投资下降为代价。

表4-8 进一步分析（对其他要素投入的影响）

变量	（1）	（2）	（3）
	员工总数	固定资产：机器设备	固定资产：厂房
政策组合交乘项	0.12946*** （7.495）	0.04664* （1.755）	0.06371*** （2.853）
加速折旧政策	−0.13808 （−1.028）	0.02733 （0.332）	0.12183* （1.912）
加计扣除政策	0.23590*** （25.759）	0.26542*** （16.367）	0.22615*** （17.853）

续表

变量	（1） 员工总数	（2） 固定资产：机器设备	（3） 固定资产：厂房
企业年龄（对数）	0.08899** （2.055）	0.03343 （0.452）	0.14806** （2.497）
资产负债率	0.02242*** （32.772）	0.01978*** （16.073）	0.01855*** （19.010）
第一股东比例	0.00645*** （7.894）	0.00947*** （6.388）	0.00789*** （6.741）
两职合一	0.89337*** （6.743）	0.82417*** （2.858）	0.53776** （2.075）
年份固定	YES	YES	YES
行业固定	YES	YES	YES
N	7313	10596	12251
R^2	0.487	0.222	0.208

注：*、**和***分别表示在10%、5%和1%水平上显著；括号内数值为t值。

第五节　研究结论及政策启示

一、主要结论

本章聚焦于固定资产加速折旧与研发加计扣除这两种税收优惠政策发力的共同作用之处，刻画政策组合对企业创新活动的协同红利效应，探讨其内在机制及异质性，并以 2009—2018 年 A 股上市公司作为研究样本，进行实证检验。研究结论如下。

（一）政策组合对企业研发投入具有显著的协同红利效应

研究发现，加速折旧政策和加计扣除政策不仅单独显著提升了企业研发支出强度，两者组合更能产生协同效应，额外增加研发投入。此外，组合政策对企业费用化支出和资本化支出的影响存在异质性，前者效应更为显著。本研究通过构建不同类型研发支出对应的税前加计扣除比例来测度政策优惠强度，这一创新性测度方法不仅有助于解决现有文献关于加计扣除政策研发激励效应有效性的争议，还首次实证检验了该政策组合的协同红利效应，为相关研究提供了新的分析视角，丰富了政策组合研究领域的文献。

（二）政策组合的协同红利通过企业现金流放大、研发设备叠加和研发人员互补三个作用渠道实现

在利用数理模型识别政策工具间作用机制的基础上，在实证层面揭示出了加速折旧政策强化加计扣除政策优惠强度的作用机制。本书构建了包含两种政策工具的动态企业价值方程数理模型，在揭示加速折旧政策强化加计扣除政策优惠强度作用机制的同时，为理解政策协同发力点提供了理论支撑，成功打开了政策组合协同效应的"黑箱"。

（三）政策组合的协同红利与企业自身特征以及所处环境密切相关

研究发现，协同红利效应在高所得税税负企业、高所得税率行业、成长期企业，以及行业竞争程度或地区市场化程度较高的企业中表现更为突出。这一发现弥补了既有研究较少从企业内外部环境系统性考察政策组合协同红利边界条件的不足，为优化税收优惠政策设计、最大化政策激励效果提供了新的思路。

（四）政策组合显著提高了企业研发产出水平且未以其他要素投入牺牲作为代价

我们发现加速折旧政策与加计扣除政策协同，能间接提高企业研发产出水平，且未减少非研发人员和厂房等其他要素投入。这为解决该政策是否能切实提高企业研发产出争议提供新视角。

二、政策启示

本章的研究结论对政策制定和企业实践具有重要参考价值和政策启示，主要体现在以下几个方面。

（一）决策者应当基于系统思维和整体视角优化政策设计，充分发挥政策组合的协同效应

具体而言，在制定税收优惠政策时，需要统筹考虑政策间的交互影响，将固定资产加速折旧政策与研发费用加计扣除政策纳入统一政策框架进行顶层设计。一方

面、政策目标设定应充分考量两类政策在促进企业研发投入方面的协同作用，确保政策目标的一致性和连贯性。另一方面，需要规避政策目标冲突或政策效果抵消的风险，例如防止加速折旧政策激励企业增加固定资产投资的同时，因加计扣除政策的限制性条件而削弱其对研发投入的激励效果。

（二）政府部门应当加强政策引导，促进企业战略规划与政策工具的有机衔接

首先，加大税收优惠政策的宣传力度，帮助企业深入理解固定资产加速折旧政策和研发加计扣除政策的核心要义；其次，建立政策辅导机制，引导企业根据自身特征选择最优政策工具，实现发展战略与税收优惠政策的有效对接；最后，鼓励企业优化资源配置，合理安排固定资产投资和研发活动，最大化政策组合带来的资金节约效应和成本降低效益。

（三）企业应当基于自身特征和外部环境，审慎选择并优化政策工具组合

本章研究表明，政策工具组合效应的最大化实现与企业特征（如实际税负、适用税率等）及其所处外部环境（如市场化程度、营商环境等）密切相关。一方面，企业应深入理解不同政策组合的激励效应，建立政策评估机制；另一方面，企业结合自身发展战略，选择最优政策工具组合。例如，在进行新产品研发时，企业应当制订详细的研发计划和预算方案，并依据政策要求进行优化调整，确保研发活动既能满足市场需求，又能充分享受政策组合的协同红利。

（本章基于笔者论文《税收优惠政策组合对企业研发投入的影响研究》做了必要的调整、修改和补充而成。）

参考文献

[1] 刘行, 叶康涛. 增值税税率对企业价值的影响：来自股票市场反应的证据[J]. 管理

世界, 2018, 34(11): 12−24+35+195.

[2] 刘啟仁, 赵灿, 黄建忠. 税收优惠、供给侧改革与企业投资[J]. 管理世界, 2019, 35(1): 78−96+114.

[3] Zwick, E, Mahon, J. Tax policy and heterogeneous investment behavior[J]. American Economic Review, 2017, 107(1): 217−248.

[4] 石绍宾, 沈青, 鞠镇远. 加速折旧政策对制造业投资的激励效应[J]. 税务研究, 2020(2): 16−22.

[5] 赵灿, 刘啟仁. 资本偏向型税收激励是否有助于改善资本要素的错配? ——基于固定资产加速折旧政策的微观经验证据[J]. 财经研究, 2022, 48(8):109−123.

[6] 孔东民, 季绵绵, 周妍. 固定资产加速折旧政策与企业产能过剩[J]. 财贸经济, 2021, 42(9): 50−65.

[7] 李建强, 赵西亮. 固定资产加速折旧政策与企业资本劳动比[J]. 财贸经济, 2021, 42(4): 67−82.

[8] 肖人瑞, 谭光荣, 万平, 等. 加速折旧能够促进劳动力就业吗? ——基于准自然实验的经验证据[J]. 会计研究, 2021(12): 54−69.

[9] 潘妍, 杨晓章, 王辉, 等. "机器代人" 还是 "规模聚人": 制造业加速折旧政策的就业效应研究[J]. 统计研究, 2023, 40 (7): 98−110.

[10] 徐晔, 蔡奇翰, 宗赟. 加速折旧政策对企业研发创新和固定资产投资的影响分析[J]. 复旦学报(社会科学版), 2021, 63(6): 181−188.

[11] 林志帆, 刘诗源. 税收激励如何影响企业创新? ——来自固定资产加速折旧政策的经验证据[J]. 统计研究, 2022, 39(1): 91−105.

[12] 黄寿峰, 赵岩. 税收优惠与企业绿色创新[J]. 财政研究, 2023 (2): 68−81.

[13] Paff, LA. State-level R&D tax credits: A firm-level analysis[J]. B.E. Journal of Economic Analysis & Policy, 2009, 5(1): 1−31.

[14] Fazio C, Guzman J, Stern S. The impact of state-level research and development tax credits on the quantity and quality of entrepreneurship[J]. Economic Development Quarterly. 2020, 34(2): 188−208.

[15] Guceri I, Liu L. Effectiveness of fiscal incentives for R&D: a quasi-experiment[J]. Oxford University Centre for Business Taxation, 2015(6): 266−291.

[16] Hall B, Reenen J V. How effective are fiscal incentives for R&D? A review of the evi-

dence[J].Research Policy, 2000, 29(4/5): 449−469.

[17] 严成樑, 胡志国. 创新驱动、税收扭曲与长期经济增长[J]. 经济研究, 2013, 48(12): 55−67.

[18] 冯泽, 陈凯华, 戴小勇. 研发费用加计扣除是否提升了企业创新能力? ——创新链全视角[J]. 科研管理, 2019, 40(10): 73−86.

[19] 靳卫东, 任西振, 何丽. 研发费用加计扣除政策的创新激励效应[J]. 上海财经大学学报, 2022, 24(2): 108−121.

[20] 甘小武, 曹国庆. 研发费用加计扣除政策对高新技术企业研发投入的影响分析[J]. 税务研究, 2020(10): 100−106.

[21] 袁业虎, 沈立锦. 研发费用加计扣除政策促进了企业降杠杆吗? ——基于医药制造业上市公司双重差分模型的检验[J]. 税务研究, 2020 (10): 92−99.

[22] 刘晔, 林陈聃. 研发费用加计扣除政策与企业全要素生产率[J]. 科学学研究, 2021, 39(10): 1790−1802.

[23] 王玺, 刘萌. 研发费用加计扣除政策对企业绩效的影响研究——基于我国上市公司的实证分析[J]. 财政研究, 2020(11): 101−114.

[24] Marino M, Lhuillery S, Parrotta P, et al. Additionality or crowding-out? An overall evaluation of public R&D subsidy on private R&D expenditure[J]. Research Policy, 2016, 45(9): 1715−1730.

[25] 王春元. 税收优惠刺激了企业RD投资吗?[J]. 科学学研究, 2017, 35(2): 255-263.

[26] 王春元, 叶伟巍. 税收优惠与企业自主创新: 融资约束的视角[J]. 科研管理, 2018, 39(3): 37−44.

[27] 胡杰, 高文培. 税率优惠和加速折旧对激励企业研发投入的协同作用研究[J]. 管理现代化, 2022, 42(3): 53−60.

[28] Martin BR. R&D policy instruments: a critical review of what we do and don't know[J]. Industry and Innovation, 2016, 23(2): 157−176.

[29] Neicu D. Evaluating the effects of an R&D policy mix of subsidies and tax credits[J]. Management and Economics Review, 2019, 4(2): 192−216.

[30] 吴秋生, 王婉婷. 加计扣除、国家审计与创新效率[J]. 审计研究, 2020 (5): 30-40.

[31] 吴秋生, 李官辉. 加计扣除强化、成本控制与企业创新投入增长[J]. 山西财经大学学报, 2022, 44(3): 114−126.

[32] 刘行, 陈澈. 中国研发加计扣除政策的评估——基于微观企业研发加计扣除数据的视角[J]. 管理世界, 2023, 39(6): 34−55.

[33] 万源星, 许永斌, 许文瀚. 加计扣除政策、研发操纵与民营企业自主创新[J]. 科研管理, 2020, 41(2): 83−93.

[34] 包月红, 赵芝俊. 专利保护和加计扣除能促进私人农业研发么?[J]. 科研管理, 2019, 40(12): 163−171.

[35] 范文林, 胡明生. 固定资产加速折旧政策与企业短贷长投[J]. 经济管理, 2020, 42(10): 174−191.

[36] 童锦治, 冷志鹏, 黄浚铭, 等. 固定资产加速折旧政策对企业融资约束的影响[J]. 财政研究, 2020(6): 15, 48−61+76.

[37] Acemoglu D, Restrepo P. Robots and jobs: evidence from US labor markets[J]. Journal of Political Economy, 2020, 128(6): 2188−2244.

[38] 孔高文, 刘莎莎, 孔东民. 机器人与就业——基于行业与地区异质性的探索性分析[J]. 中国工业经济, 2020 (8): 80−98.

[39] Acemoglu D, Restrepo P. The race between man and machine: implications of technology for growth, factor shares, and employment[J]. American Economic Review, 2018, 108(6): 1488−1542.

[40] Bessen J. Automation and jobs: When technology boosts employment[J]. Economic Policy, 2019, 100 (34): 589−626.

[41] 彭红星, 毛新述. 政府创新补贴、公司高管背景与研发投入——来自我国高科技行业的经验证据[J]. 财贸经济, 2017, 38(3): 147−161.

[42] 刘诗源, 林志帆, 冷志鹏. 税收激励提高企业创新水平了吗?——基于企业生命周期理论的检验[J]. 经济研究, 2020, 55 (6): 105−121.

[43] 王小鲁, 胡李鹏, 樊纲. 中国分省份市场化指数报告(2021)[R]. 社会科学文献出版社, 2021.

[44] 孙自愿, 周翼强, 章砚. 竞争还是普惠?——政府激励政策选择与企业创新迎合倾向政策约束[J]. 会计研究, 2021 (7): 99−112.

[45] 王春元, 张子楠. 税收优惠政策组合对企业研发投入的影响研究[J]. 科研管理, 2025, 46(5): 92−101.

第五章

税基税率优惠政策
组合与企业技术创新

大量的实证研究和内生增长理论均表明，创新在经济增长中发挥着极为重要的作用。越来越多的国家正试图或已创造优越的创新环境以刺激企业 R&D 投资，以最终实现经济的持续增长。从社会收益率的角度看，R&D 所具有的公共产品特征使其无法达到最有效率的水平。为此，需要政府介入其中，税收优惠①正是政府介入其中的有效手段之一。

为鼓励企业开展研究开发活动，促进创新水平的提高，同时也为规范企业研究开发费用的税前扣除及有关税收优惠政策的执行，2008 年国家税务总局正式出台《企业研究开发费用税前扣除管理办法（试行）》（以下简称《办法》），这是我国首次对企业研究开发费用的规范化管理以及扣除办法的具体规定。经过几年的实践以及受国家宏观政策的影响，财政部、国家税务总局分别于 2013 年和 2015 年对此办法进行了修订与完善，进一步提高了研究开发费用的税前扣除标准②。从具体内容上看， 2013 年的《通知》中正列举了享受税收优惠政策的 R&D 活动范围及相应的费用范围：研究开发人员"五险一金"，以及对新药临床试验费和研究成果鉴定费的扣除；2015 年的《公告》则调整为反列举，即除规定不得享受加计扣除政策的研发活动外，其他的都可享受该优惠政策以及相应的费用范围：明确了研究开发人员的范围以及费用扣除。总体上看，两次修订主要是规范和提高了 R&D 费用税前扣除标准，从而使更多 R&D 活动享受税收优惠，以达到刺激企业 R&D 投资的目的。另外，针对高新技术企业的优惠税率（15% 的所得税率），也同样具有刺激企业 R&D 投资的意图。

---

① 发达国家涉及 R&D 的税收优惠政策，一般称之为税收抵免，考虑到我国的实际以及分析需要，后文中对我国政策的分析将其称作税收优惠。

② 2013 年 9 月 29 日，财政部、国家税务总局印发《关于研究开发费用税前加计扣除有关政策问题的通知》（财税〔2013〕70 号，以下简称《通知》），自 2013 年 1 月 1 日起施行；2015 年 12 月 29 日，国家税务总局发出《关于企业研究开发费用税前加计扣除政策有关问题的公告》（财税〔2015〕119 号，以下简称《公告》），自 2016 年 1 月 1 起施行。

这可统称为 R&D 税收优惠政策。

从政策目标看，2013 年的《通知》不仅扩大了企业享受税收优惠政策的范围，更重要的是企业 R&D 费用与高新技术的认定标准和归集办法趋于一致，具有较大的突破性。另外，2013 年的《通知》距离前后两次政策（修订）的时间分别为 5 年和 3 年，由此可见政策修订的周期逐步缩短，这表明此次政策修订的过渡性和试验意图明显，以期通过评估政策效应并及时发现问题，为相关政策修订和完善提供有益参考。2013 年的政策存续时间虽短，但发挥着承前启后的作用，为后续政策修订打下坚实基础。因此，无论是从理论上还是实践上，都有必要对 2013 年的政策效应做深入的探讨和研究，以最大限度地发挥税收优惠刺激企业 R&D 投资的作用，实现国家整体创新水平提升的目标。

第一节　制度背景 [①]

如图 5-1 所示，1998 年以来，我国 R&D 投入强度呈稳步上升的趋势，尤其是 2008 年以来，其增速明显加快。企业 R&D 投资占比（占全部 R&D 费用的比重）则表现出一定的起伏与波动。2008 年开始，企业 R&D 投资占比出现小幅下降（2009 年和 2010 年），但 2011 年后，企业 R&D 投资占比又开始增加，到 2014 年高达近 80%。从分行业大中型企业 R&D 投资总量看，如图 5-2 所示，制药、生物科学和生命科学，信息技术以及航空航天三大主要高新技术行业 [②] 均出现了较大规模的增长，尤其是信息技术行业规模更大、增长速度更快；从相应行业的占比看，信息技术行业 R&D 投资额的比重总体上逐年下降，由最高年份（2005 年）的 76.74% 下降到最

---

① 为了与后文中所采用的 Wind 行业分类相对应，此处将我国大中型企业也按照 Wind 行业分类标准进行必要的调整和分类。

② 为了与后文中所采用的 Wind 行业分类相对应，此处将我国大中型企业也按照 Wind 行业分类标准进行必要的调整和分类。

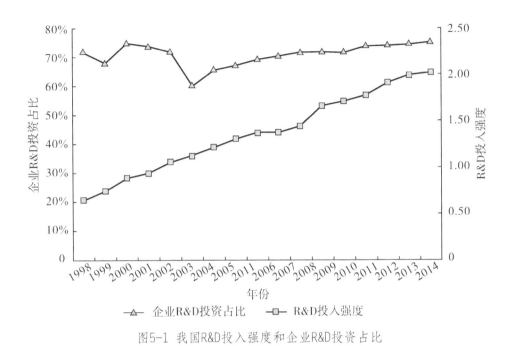

图5-1　我国R&D投入强度和企业R&D投资占比

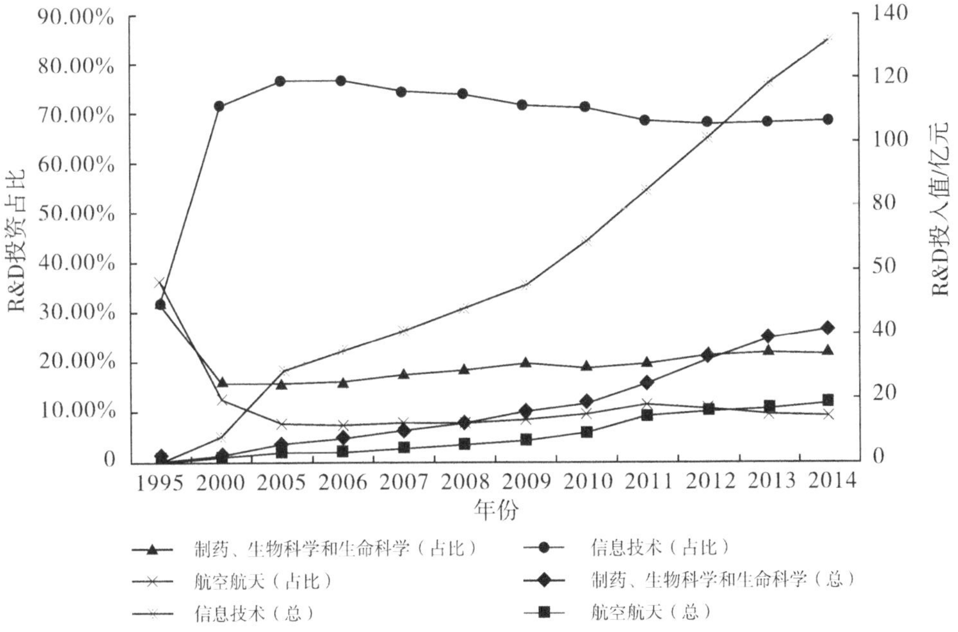

图5-2　分行业大中型企业R&D投资

低年份（2012年）的68.25%，下降了约8个百分点。尽管如此，2013年以后信息技术行业的比重略有回升，到2014年其占比达到68.60%。制药、生物科学和生命科学与航空航天行业在2008至2012年间的R&D投资比重呈上升趋势，但2013年以后开始下降。这表明，三大行业R&D投资占比的分化现象较为明显。国有大中型企业R&D投资情况也大体类似，制药、生物科学和生命科学行业的R&D投资在2013年以后略有下降且变化不大（见图5-3）。

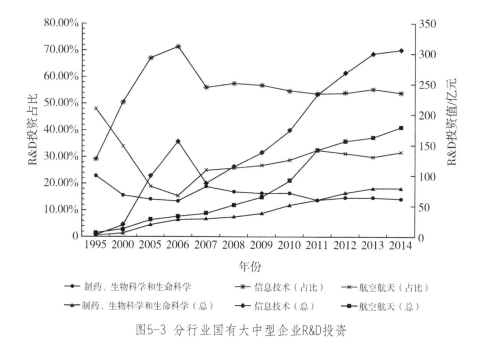

图5-3 分行业国有大中型企业R&D投资

我们不难发现，无论是分行业企业R&D投资，还是全行业企业R&D投资，均呈逐年扩张之势，尤其是2008年之后，这种趋势表现得更加明显。这似乎与政府税收优惠的力度加大有关，即政府税收优惠对企业R&D投资的激励作用显著，优惠力度越大，企业R&D投资的积极性也越高，其投资规模相应增加。同时，税收优惠的刺激作用具有较为显著的行业特征，信息技术行业有异于其他两个行业。R&D投资占比最大的信息技术行业与全行业企业R&D投资呈相似的变化趋势，由此表明该行业R&D投资起到非常关键的作用。

信息技术行业R&D投资占比却出现总体下滑的趋势，其中的原因又是什么呢？

信息技术企业属于高新技术行业且 R&D 投资占比在三大行业中最高，其 R&D 投资不仅受政策影响，而且受企业本身的发展所驱使，是这类企业的主要支出项目。同时，该行业企业不仅能享受研发费用税前加计扣除政策，还可能享受到税率优惠，那么，双重优惠政策（加计扣除政策和税率优惠）的叠加是否在一定程度上抑制企业 R&D 投资的作用，还有待进一步检验和分析。

第二节　理论基础与研究假定

一、文献回顾

R&D 的不确定性以及时间和资金消耗，加之其具有的公共产品特性，为政府干预 R&D 投资提供了理论依据，其 R&D 政策成为缩小私人和社会收益率差距的有效手段[1-3]。政府资助 R&D 的手段包括直接补助（direct grants）和税收抵免（tax credits）。理论及实证方面的证据表明，税收抵免和直接补助存在明显的差异在于前者对产业和企业的影响偏中性，能将扭曲性影响最小化，也使得政策制定者不必武断地对 R&D 资助在产业、地区及企业间做出分配[4]。正因为如此，税收抵免政策受到学界和实务界的广泛关注。

自 20 世纪 80 年代开始，越来越多的研究采取不同的分析方法评估了税收抵免政策对 R&D 行为（成本）的影响。从国外已有文献看，此类研究可区分为两方面。其一，利用宏观层面（国家或州、省）的数据研究 OECD 国家的税收抵免政策对 R&D 的影响，所得到的结论也较为相似[5-7]。研究表明，税收抵免政策能有效地促进企业加大 R&D 投入。其二，利用企业层面的数据研究税收抵免政策对 R&D 的影响。由于数据方面的局限性，这方面的研究虽相对较少，但研究结论因样本差异而出现较大的差别[8-10]。该差别主要表现在税收抵免对 R&D 投入促进效应的大小方面。另外，税收抵免政策前后变化的效应差异也是理论界研究的焦点[11-13]。随着研究的深入，研究方法也更加丰富，对样本的选择也出现了一定的变化。有研究选择微观计量经济学文献，利用 Meta 回归分析法（MRA）研究了 R&D 税收抵免对企业创新活动的影响[14]。从现有的国外研究看，其研究对象主要是发达国家或者其企业层面的数据，尤其是美国、加拿大、英国、日本等国家的研究居多，对发展中国家的关注和研究就显得相对较少[14]。

自改革开放以来，我国的经济发展成就为世界所瞩目，企业的竞争力不断增强，创新能力和水平日益提高。在此背景下，R&D 活动及其财政政策成为学术界关注的焦点，对 R&D 财政政策的研究也在不断深化中。从研究内容看，我国学者对 R&D 财政政策的探讨和研究在如下几个方面作出了积极的贡献。第一，在本世纪早期阶段，主要是 R&D 税收政策的比较与借鉴[15-17]。这一时期，主要是分析和比较欧美等发达国家税收抵免政策，并基于此提出改进我国 R&D 税收优惠政策的相关建议。第二，政府补贴和税收优惠对企业 R&D 投资效应的比较分析[18-22]。在此方面的研究中，有基于宏观层面数据的直接对两种政策工具的不同效应比较；有利用企业层面的数据基于不同所有制和行业以及特定地区（上海市）的比较分析；有基于不同研发阶段的两种政策工具的比较分析；有从创新的视角比较财政补贴的比较分析和税收优惠对创新驱动（R&D 投入）的差异比较。尽管如此，研究结论却比较类似，学者们都认同税收优惠对企业 R&D 投资的激励作用要优于政府补贴，在政策制定中也应以税收优惠为主。第三，侧重分析税收优惠对企业 R&D 投资的影响[23-27]。此方面的研究相对更为丰富，有对具体优惠政策方式的效应评估；有对税收优惠强度的测算进而分析其对企业 R&D 投资的影响；有从理论层面上探讨和论证 R&D 税收优惠的合理性；有从分税种税收优惠、分地区以及分经济类型研究税收优惠对企业 R&D 投资的长、短期效应；有基于问卷调查数据分析 R&D 税收优惠的效应。研究发现，税收优惠对企业 R&D 投资的效应因地区、行业性质、经济性质以及具体优惠方式差异而不同。

二、文献述评

总体来看，利用微观层面的企业数据研究税收优惠对企业 R&D 投资以及创新的影响越来越受到学者们的推崇和重视，研究也趋于精细化，深度和广度得到进一步的提升。但是，自 2008 年以来，我国政府针对企业 R&D 投资方面的税收优惠政策进行了多次修订和完善，修订后的政策相较于之前的优惠幅度更大，激励意图更加明显。其中，2013年和2015年两次修订，都进一步扩大了企业研发费用的扣除范围，使得企业可以将更多的与研究开发工作相关的费用在税前扣除，从而降低企业成本，激励其将更多的资源投入研发活动。此后该政策虽有所有变动和调整，但是更多侧重于扩大覆盖范围和加计扣除率的提高。因此，选择以2013年为政策变化冲击点评估政策的激励效应具有一定的参考价值和借鉴价值。

政策组合效应的评估尤为重要，需要予以重视。由于高新技术企业可以享受优惠税率，因而使得这类企业可能同时享受两种不同形式的税收优惠政策。那么，两种政策组合的激励效应就需要进一步研究和探讨，这也是本章研究的重点。国外学者虽进行过此方面的研究工作，但是仅局限于发达国家的样本，对于像我国这样的发展中大国的研究较少。尽管如此，其研究思路和方法仍有一定的借鉴作用和参考价值。由于我国在世界经济中扮演着重要角色，以及近年来我国政府对创新的重视和大力投入，研究税收优惠政策变化前后的差异，评估政策实施的实际效果，必将有益于政策制定者，对相关研究工作也是有益的补充和完善。本章也正是基于此而开展的研究。

三、数理模型构建及研究假定

R&D费用税前加计扣除政策是在税前将更多的与R&D活动有关的费用予以抵扣，以缩小税基，减少企业应纳税额，最终实现降低企业税收负担和R&D成本，激励企业积极开展R&D活动的目的，因此其实质是税基优惠。这与针对高新技术企业的税率优惠的不同之处在于享受优惠的环节不同。但是，双重优惠政策的叠加可能会影响企业R&D投资决策。因为与仅享受R&D费用加计扣除政策的企业相比，享受的优惠税额存在差异。结合前文的分析，我们作出如下假定：

（1）R&D费用税前加计扣除政策或税率优惠均有助于刺激企业R&D投资；

（2）双重优惠政策叠加则可能抑制企业R&D投资，适用高税率的企业会加大R&D投资力度。

基于此，以水平创新的假定及分析框架为基准构建数理模型，并引入R&D部门、政府允许 R&D 部门将 R&D 费用在税前加计扣除，以刺激 R&D 部门加大投资力度和提高创新水平。经济中包括最终产品生产部门、中间产品生产部门、R&D 部门、家庭和教育部门。

（一）最终产品生产部门

最终产品生产部门利用劳动 L、资本 K 和中间产品 $x(i)$，$i \in [0, A]$ 生产最终产品，A 为中间产品的种类。假定经济中的人口增长率为零，因此劳动力数量为常数。最终产品生产部门的生产函数为：

$$Y = L^{\alpha} \int_0^A x(i)^{1-\alpha} di \tag{5-1}$$

政府对最终产品征税，税率为 t，最终产品生产部门选择劳动、资本及中间产品等生产要素实现利润最大化，

$$\pi = (1 - t)\left\{ L^{\alpha} \int_0^A x(i)^{1-\alpha} di - wL - \int_0^A p(i)x(i) di \right\} \tag{5-2}$$

其中，α 为弹性系数，w 为工资率，r 为资本价格，$p(i)$ 为中间产品价格。

实现利润极大化得到的最优条件为：

$$w = (1 - t)\alpha L^{\alpha-1} \int_0^A x(i)^{1-\alpha} di \tag{5-3}$$

$$p(i) = (1 - t)(1 - \alpha) L^{\alpha} x(i)^{-\alpha} \tag{5-4}$$

（二）中间产品生产部门

中间产品生产部门由众多的垄断厂商构成，租用资本 K 来生产中间产品，在一个对称的市场框架下，中间产品部门的总产出等于全部的资本存量，即 $\sum_0^A x(i) = Ax(i) = K$。中间产品生产部门选择中间产品数量以实现利润最大化，即：

$$\pi(i) = p(i)x(i) - rx(i)A \tag{5-5}$$

将方程（5-4）代入方程（5-5）中，其最优化解为：

$$r = A(1-t)(1-\alpha)^2 L^{\alpha} x(i)^{-\alpha} \tag{5-6}$$

（三）R&D 部门

R&D 部门投入 R&D 经费 R 和人力资本 H 来生产新知识，政府允许 R&D 部门将 R&D 费用在税前按照 λ 加计扣除以激励其创新，同时对 R&D 部门以税率 t 征税。在此将加计扣除率设定为可变参数的目的在于：其一，代表税前加计扣除率本身的变化；其二，作为研发费用税前加计扣除标准提高的代理变量，因为这两者实质上是一致的，都提高了研发费用税前扣除额，降低了企业 R&D 成本；其三，为了分析上的便利而做的简易处理。

R&D 部门的生产函数为：

$$\dot{A} = AR^{\beta}H^{1-\beta} \tag{5-7}$$

其中，β 为弹性系数。R&D 部门通过生产新知识获得收入，进行必要的扣除后，以税后收入为 R&D 投资融资，即：

$$\pi_R = R = (1-t)\left[P_A\dot{A} - (1+\lambda)R\right] \tag{5-8}$$

其中，P_A 为单位知识的价格。利润 π_R 最大化的最优条件是：

$$P_A = \frac{1+\lambda}{A\beta R^{\beta-1}H^{1-\beta}} \tag{5-9}$$

（四）教育部门

假定经济中人力资本与教育部门的投入 E 存在如下关系：

$$H = E \tag{5-10}$$

这意味着，教育部门的投入越大，人力资本的量也越大。教育部门的投入全部来自政府的税收收入，即：

$$E = t\left\{\left[L^{\alpha}\int_0^A x(i)^{1-\alpha}di - wL - \int_0^A p(i)x(i)di\right] + \left[P_A\dot{A} - (1+\lambda)R\right]\right\} \tag{5-11}$$

另外，假定 R&D 经费 R 占教育部门投入 E 的比重为 θ，即 $R=\theta E$。

按照 Romer[2] 的观点，R&D 部门单位知识的价格等于中间产品生产部门垄断利润的贴现值，即：

$$P_A(T) = \int_T^{+\infty} \pi(t)\mathrm{e}^{-\int_t^t r(s)ds}dt \tag{5-12}$$

式（5-12）两边同时对 T 求偏导，并结合方程（5-5）和（5-6）得到：

$$P_A = \frac{\pi}{r} = \frac{1 - (1 - \alpha)/A}{1 - \alpha} x(i) \tag{5-13}$$

结合式（5-9）可得到：

$$x(i) = \frac{(1 + \lambda)(1 - \alpha)}{\beta R^{\beta-1} H^{1-\beta} [A - (1 - \alpha)]} \tag{5-14}$$

（五）家庭

家庭通过选择消费 C 来极大化效用函数：

$$U(C) = \int_0^{+\infty} \frac{C^{1-\sigma} - 1}{1 - \sigma} e^{-\rho t} dt \tag{5-15}$$

其中，σ 为消费跨期替代弹性的倒数，ρ 代表消费者的耐心程度。求解家庭的效用函数得到：

$$\frac{\dot{C}}{C} = \frac{r - \rho}{\sigma} \tag{5-16}$$

当经济收敛于平衡增长路径时，C，K，A，Y 的增长率均相等，设增长率为 ξ。

（六）模型求解

结合式（5-9）~式（5-11）、式（5-13）和式（5-14）得到：

$$\frac{(\xi R^{-\beta})^{\frac{1}{1-\beta}}}{t} = \left[\frac{\xi(1 + \lambda)}{\theta} - (1 + \lambda)R\right] +$$

$$AL^\alpha \left\{\frac{(1 + \lambda)(1 + \alpha)}{\theta[A - (1 - \alpha)]}\right\}^{1-\alpha} \left\{1 - \frac{1 - t}{L} - (1 - t)(1 - \alpha)\left[\frac{(1 + \lambda)(1 + \alpha)}{\theta[A - (1 - \alpha)]}\right]^{-\alpha-1}\right\} \tag{5-17}$$

式（5-17）两边分别对 λ 求一价偏导和二价偏导：

$$(\xi R^{-\beta})^{\frac{1}{1-\beta}} = - t^2 AL^\alpha \left\{\frac{(1 + \lambda)(1 + \alpha)}{\theta[A - (1 - \alpha)]}\right\}^{1-\alpha} \left\{\frac{1}{L} + (1 - \alpha)\left[\frac{(1 + \lambda)(1 + \alpha)}{\theta[A - (1 - \alpha)]}\right]^{-\alpha-1}\right\} \tag{5-18}$$

$$\frac{\partial R}{\partial \lambda} = \frac{\xi}{\theta} + A(1-\alpha)L^{\alpha}\left\{\frac{1+\alpha}{\theta[A-(1-\alpha)]}\right\}^{1-\alpha}\left\{1-\frac{1-t}{L}-(1-t)(1-\alpha)\left[\frac{(1+\lambda)(1+\alpha)}{\theta[A-(1-\alpha)]}\right]^{-\alpha-1}\right\} +$$

$$AL^{\alpha}\left\{\frac{(1+\lambda)(1+\alpha)}{\theta[A-(1-\alpha)]}\right\}^{1-\alpha}\left\{(1-t)(1-\alpha)(1+\alpha)\left[\frac{1+\alpha}{\theta[A-(1-\alpha)]}\right]^{-\alpha-2}\right\} > 0$$

$$(5-19)$$

$$\frac{\partial^2 R}{\partial \lambda^2} = A(1-\alpha)L^{\alpha}\left\{\frac{1+\alpha}{\theta[A-(1-\alpha)]}\right\}^{1-\alpha}\left\{(1-t)(1-\alpha)(1+\alpha)\left[\frac{(1+\lambda)(1+\alpha)}{\theta[A-(1-\alpha)]}\right]^{-\alpha-2}\right\} +$$

$$AL^{\alpha}\left\{\frac{(1+\lambda)(1+\alpha)}{\theta[A-(1-\alpha)]}\right\}^{-\alpha}\left\{(1-t)(1-\alpha)^2(1+\alpha)\left[\frac{1+\alpha}{\theta[A-(1-\alpha)]}\right]^{-\alpha-2}\right\} > 0$$

$$(5-20)$$

由式（5-19）和（5-20）可知，企业 R&D 投资水平随 R&D 费用税前加计扣除率 λ 的增加而递增，但增速递减；结合式（5-18），在税前加计扣除率 λ 不变的前提下，企业适用税率 t 越高，R&D 投资额也越高。

（七）研究假定

上述推导结论表明，R&D 费用税前加计扣除率 λ 可以作为税收优惠政策的重要工具之一，提高 λ 能较为显著地刺激企业 R&D 投资。从长期来看，这种刺激效果逐渐趋于平稳，直至最终消失。然而，对于适用不同税率的企业而言，税率将会影响企业 R&D 投资额，因此，可以得到以下研究假定：

税前加计扣除率 λ 或者扣除标准相同时，税率越高，企业 R&D 投资越多，反之则反是（两者的基本关系如图 5-4 所示）。

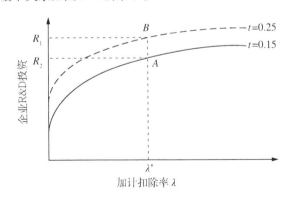

图5-4　企业R&D投资与加计扣除率λ的关系

第三节　研究设计

一、样本和数据来源

本节选取 2009—2018 年 A 股非 ST、非金融保险行业上市公司为初始样本，并剔除数据缺失样本，最终得到 14038 个样本观测值。为消除极端值影响，对所有涉及连续变量在 1% 和 99% 分位上进行缩尾处理。所有数据来自国泰安数据库。

本章使用的数据来源如下：①《关于研究开发费用税前加计扣除有关政策问题的通知》（财税〔2013〕70 号）；②《关于企业研究开发费用税前加计扣除政策有关问题的公告》（财税〔2015〕119 号）；③《研发费用加计扣除政策执行指引（2.0 版）》；④其他变量数据均来源于国泰安数据库。

二、变量定义

（一）被解释变量

本章被解释变量为企业研发投入。与第四章其定义及界定保持一致。

（二）核心解释变量

本章关注的焦点是税收优惠政策的组合效应。

一方面，考虑到税收优惠政策的实施使得部分企业（高新技术企业）受到影响，而另外的企业可能没有受到影响甚至影响很小，因此这种税收优惠政策的执行可以类比于自然实验中对试验对象施加的某种"处理"（treatment）。通过比较受影响的企业——处理组（treatment group）和没有受影响的企业——控制组（control group），可以评估出该政策的效果。

本章以 2013 年 1 月 1 日为政策冲击点，前后两个时期分别为（2010—2012 年和 2013—2015 年），两期之间企业 R&D 投资存在两个明显的特征：其一，相对于前期（2010—2012 年），后期（2013—2015 年）企业 R&D 投资总量有了较为明显的增加；其二，各期内的环比增长率逐年增加，但后期的环比增长率明显低于前期。因此，对受政策影响的 2010—2012 年的企业赋值为 0，2013—2015 年的企业赋值为 1。

根据我国现行企业所得税法的相关规定，适用于我国境内所有企业的税率包括两类：基本税率（25%）和优惠税率（20% 或 15%），其中 15% 的优惠税率主要针对高新技术企业。因此，可将企业分为两类：基本税率企业和优惠税率企业。在提高 R&D 费用税前扣除标准时，两类企业享受的优惠力度自然会不同，这样就形成了跨行业、地区、规模、年份等方面较为显著的差异。因此，对处于优惠税率组的企业赋值为 1，对其他企业赋值为 0。

　　另外，根据第四章式（4-3）的计算方法得到各企业享受加计扣除政策的优惠强度。

（三）控制变量

　　本章的控制变量除选取第四章部分控制变量外，还增加如下变量：

　　政府补助取企业实际获得的政府补助的自然对数。

　　信息行业取值为 1，否则取 0。

　　国有企业取值为 1，否则取 0。企业的所有权性质，可能会影响到企业 R&D 投资的规模。这是因为，相对于非国有企业而言，由于存在资本结构方面的差异，国有企业具有较强的融资优势，尤其是一些小规模的国有企业，其 R&D 投资可能更大。虽然国有企业易于受到资本所有者以及公共部门的监管，但其投资模式具有更大的灵活性和自由度。

　　企业净利润为正时取值为 1，否则取 0。企业的盈亏情况也可能是影响其 R&D 投资的重要因素之一。盈利能力强，获利大的企业，可用于 R&D 活动的资金也越多，投资的积极性也越高。

三、模型设计

　　考虑到研发费用税前加计扣除政策可扣除费用口径扩大的影响以及两类企业享受的不同税率，就形成了政策变化前后可比较的控制组和处理组：适用基本税率的企业为控制组，享受优惠税率的企业为处理组。政策变化前为 2010—2012 年，政策变化后为 2013—2015 年。因此，选择双重差分法研究该问题可以实现两方面的目标：

　　（1）分析 2013 年 R&D 费用税前加计扣除政策变化前后对企业 R&D 投资的效应差异；

（2）研究双重优惠政策对企业 R&D 投资的影响。

双重差分的基本模型为：

$$RD_{it} = \hat{\alpha} + \beta_1(\text{taxrate}_{it} \times \text{after}_{it}) + \beta_2\text{taxrate}_{it} + \beta_3\text{after}_{it} + \psi X + \upsilon_t + \zeta_i \qquad (5-21)$$

其中，taxrate 和 after 为虚拟变量。

$$\text{taxrate} = \begin{cases} 1, & \text{taxrate} < 25\% \\ 0, & \text{taxrate} = 25\% \end{cases} \quad \text{after} = \begin{cases} 1, & \text{year} = 2013, 2014, 2015 \\ 0, & \text{year} = 2010, 2011, 2012 \end{cases} \qquad (5-22)$$

其中，$\hat{\alpha}$ 为常数项，β_1，β_2，β_3 分别为相应变量的系数，i 表示企业，ζ_i 为随机误差项。X 为控制变量向量，ψ 为系数向量。

为进一步分析和验证税前扣除政策与税率优惠的共同作用，本章再次运用加计扣除政策优惠强度与税率优惠政策的交互项以评估两种政策工具的研发投入效应。

$$RD_{it} = \hat{\alpha}' + \beta_1'(\text{taxrate}_{it} \times \text{jjpolicy}_{it}) + \beta_2'\text{taxrate}_{it} + \beta_3'\text{jjpolicy}_{it} + \psi'X + \sigma_t + \xi_i$$

$$(5-23)$$

第四节　实证分析

一、DID 模型回归及相关检验

运用 stata18.0 对模型进行估计。模型分别使用最小二乘法（OLS）和双重差分法进行估计，结果表明，差分估计量（交互项）是一致的。依次加入相应的控制变量，得到如表 5-1 所示的 5 个计量模型。随着控制变量的不断加入，各模型中差分估计量的符号均相同，且显著性程度得到明显提高。在模型（5）中，差分估计量在 5%的水平上表现出对被解释变量显著负相关性。其他变量对被解释变量的影响程度都是显著性的，其系数符号并未因为其他变量的加入而发生改变。所有这些信息表明，差分估计量的符号具有较强一致性，不受控制变量增减变化的影响。所有控制变量本身的显著性水平也非常高。另外，模型（5）的拟合优度 R^2 最高，这表明该模型能较好地解释企业 R&D 投资的变化程度。

虚拟变量 $taxrate_i$ 和 $after_i$ 的系数在表 5-1 列（1）～列（5）中均显著为正，各系数大小也较为接近。这表明，税率优惠以及加计扣除标准的提高均有助于刺激企业 R&D 投资。这与数理模型中的结论一致，两种政策工具均发挥了有效的刺激作用。差分估计量 $taxrate_i \times after_i$ 的系数均为负值，模型（5）中显著为负。这表明 2013 年企业研发费用税前加计扣除政策调整后，对享受优惠税率的企业 R&D 投资对激励效应为负。

表5-1 基准回归结果：双重差分估计（2010—2012年）VS（2013—2015年）

变量	模型 (1)	模型 (2)	模型 (3)	模型 (4)	模型 (5)
$taxrate_i \times after_i$	−0.142 (1.894)	−0.134 (1.027)	−0.133 (1.005)	−0.228 (1.102)	−0.321*** (6.795)
$taxrate_i$	0.653*** (8.875)	0.758*** (7.836)	0.728*** (7.726)	0.670*** (6.578)	0.635*** (5.456)
$after_i$	0.920*** (12.936)	0.916*** (14.790)	0.924*** (12.467)	1.035*** (15.589)	0.920*** (14.379)
行业性质	0.195*** (3.425)	0.249*** (5.986)	0.258*** (5.582)	0.228*** (6.778)	0.288*** (5.785)
产权性质	—	0.695*** (6.365)	0.699*** (10.889)	0.741*** (9.353)	0.392*** (8.262)
净利润率	—	—	0.396** (8.483)	0.383** (13.769)	0.367*** (10.206)
负债率	—	—	—	−0.0134* (9.826)	−0.0429* (7.269)
政府补助	—	—	—	—	0.425*** (21.286)
常数	7.155*** (12.319)	6.856*** (13.879)	6.497*** (14.716)	6.911*** (15.751)	1.838** (14.297)
观测值	2873	2873	2873	2699	2650
R^2	0.121	0.174	0.179	0.184	0.391

注：*、**和***分别表示在10%、5%、1%水平上显著；括号内数值为t值。

行业虚拟变量 industry$_i$ 显著为正，表明信息技术行业对 R&D 投资具有较强的敏感性。对于信息技术行业而言，这不仅是由于其行业本身的特点所决定的，还在于 R&D 活动有助于开发新产品，提高新产品销售收入，从而提高企业整体竞争力。这也决定了加大 R&D 投入力度也是企业的内在动力。

企业经济性质的虚拟变量 property$_i$ 显著为正，这与前文中的假定一致。代表企业盈亏情况的虚拟变量 netprofit$_i$ 对企业 R&D 投资的影响为正，这意味着盈利企业，或者盈利水平非常高的企业更有能力和动力开展 R&D 活动，从而将更多的资金投入到 R&D 活动中，为在将来获取更多的利润提供有力保障。

资产负债率 debtasset$_i$ 对企业 R&D 投资的影响显著为负。资产负债率反映企业总资产中有多大比例是通过借债来筹资的，是评价企业负债水平的综合指标。如果该指标越大，甚至高达100%，这表明企业净资产很低甚至已达到资不抵债的地步。那么，在此情况下就难以保证企业会增加 R&D 投资。

政府资助对企业 R&D 投资具有较强的杠杆效应，其系数显著为正。这表明我国各级政府对企业的资助一方面缓解了企业资金方面的困难；另一方面则带动了企业 R&D 投资的积极性，起到了"四两拨千斤"的作用。这与部分学者的研究结论是一致的[28]。然而也有研究表明，政府 R&D 资助对企业 R&D 投资会产生一定的挤出效应或替代效应。这或许与政府 R&D 资助的度有一定的关系，不过是否如此，还有待于进一步研究和证明。

式（5-21）建立在解释变量完全外生的假设之上，可能导致的内生性和自相关性问题不容忽视。对此，采用 Hausman 检验来判断是否存在内生性，采用 Wooldridge's test 是否存在自相关性①。检验发现，随机误差项与自变量之间不存在自相关性，即不存在内生性。另外，分别对模型进行平行趋势检验和安慰剂检验，均通过相应检验。这表明该模型的建立是较为合理的②。

---

① 这里采用 Drykker 检验方法来检验该问题。

② 限于篇幅，相关检验及图表不在此列出。

二、政策组合的交互项效应检验

为进一步检验加计扣除政策与税率优惠组合的效应，对式（5-23）做相应的回归分析和稳健性检验。具体检验结果如表5-2所示。表5-2中列（1）～列（3）所汇报的信息表明，两种政策工具组合对研发支出强度具有显著的负向抑制作用。同样，对企业研发支出及其结构（费用化支出和资本化支出）均表现出负向作用。这样，与表5-1中所展示的结论是一致的。另外，加计扣除政策优惠强度与企业研发投入之间具有显著的正向促进作用。加计扣除政策中费用扣除口径扩大或加计扣除率增大都将会促进企业增加研发投入。

表5-2 基准回归结果：政策组合

类型\变量	(1)	(2)	(3)	(4)	(5)	(6)
	研发强度			研发支出	费用化支出	资本化支出
政策组合	−0.00018*** (−12.739)	−0.00020*** (−14.216)	−0.00020*** (−14.215)	−0.02163*** (−15.135)	−0.00016*** (−10.767)	−0.00003*** (−5.735)
税率优惠	−0.00080*** (−30.768)	−0.00075*** (−28.918)	−0.00075*** (−28.909)	−0.06777*** (−27.663)	−0.00071*** (−25.241)	−0.00006*** (−6.596)
加计扣除	0.00606*** (18.674)	0.00666*** (20.336)	0.00667*** (20.353)	0.98136*** (30.494)	0.00552*** (15.672)	0.00092*** (7.260)
企业年龄	—	−0.00142*** (−3.959)	−0.00151*** (−4.087)	−0.10215*** (−3.032)	−0.00154*** (−3.618)	−0.00011 (−0.869)
资产负债率	—	−0.00010*** (−15.775)	−0.00010*** (−15.632)	0.00762*** (12.401)	−0.00009*** (−13.805)	0.00001*** (4.933)
第一大股东持股比例	—	—	−0.00001 (−1.049)	0.00772*** (11.417)	−0.00000 (−0.322)	−0.00001*** (−3.562)
是否兼任董事长或CEO	—	—	−0.00297*** (−2.636)	1.04520*** (8.994)	−0.00309** (−2.525)	0.00079 (1.256)
年份固定	—	—	—	—	—	YES
行业固定	—	—	—	—	—	YES
N	13998	13998	13998	13998	11237	11237
R^2	0.455	0.466	0.466	0.580	0.444	0.147

注：*、**和***分别表示在10%、5%、1%水平上显著；括号内数值为t值。

借鉴第四章中稳健性检验方法，本章选择保留净利润为负的样本、所得税为负的样本以及聚类到行业层面进行检验（见表5-3）。政策组合均表现为显著的负效应。

表5-3 稳健性检验

项目	模型 (1)	模型 (2)	模型 (3)
	仅保留净利润为负样本	仅保留所得税为负样本	聚类到行业层面
政策组合	−0.00022*** (−3.901)	−0.00037*** (−3.764)	−0.00020*** (−6.992)
税率优惠	−0.00064*** (−6.568)	−0.00081*** (−5.832)	−0.00075*** (−9.770)
加计扣除	0.00732*** (5.057)	0.01065*** (4.413)	0.00667*** (9.302)
控制变量	YES	YES	YES
年份固定	—	—	YES
行业固定	—	—	YES
N	1165	553	13998
R^2	0.408	0.446	0.466

注：*、**和***分别表示在10%、5%、1%水平上显著；括号内数值为t值。

综上，加计扣除政策与税率优惠政策组合对企业研发投入具有较强的抑制作用。

表面上看，这似乎有违该政策制定以及后续调整的初衷。事实上，如前文数理模型及实证分析所示，提高研发费用税前扣除标准，能减轻企业的税收负担，从而降低企业研发成本。在其他条件相同时，适用较高企业所得税率的企业，无疑能减少应纳税额，从而享受更多的税收优惠，激励效应也将越大。然而，两种政策工具组合将使政策激励效应减弱，甚至产生抑制作用的事实也表明，企业在选择政策工具时需要谨慎处理，在进行必要测算和验证的基础上选择最恰当的政策工具。这也再次印证了第二章中的相关结论的正确性。

当然，这种情况的出现，还有可能是样本选择的问题，因为样本只包括沪深上市公司的数据，而大量的非上市公司的数据未包括进来，这就使得样本中所涵盖的信息不全，因此而得到的实证结论难免失之偏颇。

第五节　研究结论及政策启示

作为税收优惠政策工具的税率优惠以及 R&D 费用税前加计扣除标准提高，均能有效地激励企业 R&D 投资，理论及实证分析也都验证了这一点。在两种政策工具的具体实施过程中，其政策效果却有违政策制定者的初衷。尽管如此，我们并不能否定政策工具本身的效果。原因在于，我国在实施 R&D 费用加计扣除的政策的同时，又对部分重点扶持的高新技术企业予以税率上的优惠。在提高企业 R&D 费用扣除标准时，相对于享受优惠税率的企业而言，适用高税率的企业必然能享受到更多的税收优惠，税收激励的政策效果从而大打折扣。因此，我们有必要对此进行反思。

对于 R&D 费用税前扣除标准的提高，是否适用于所有从事 R&D 活动的企业，需要重新思考。依据发达国家的实践，一般都会设定标准，例如，连续 3 年或 5 年 R&D 费用增长速度达到一定的水平，符合条件的企业才能享受税收优惠，否则无法享受此优惠。另外，享受优惠税率的企业，可设定相应的年限，超出该年限，应适用普通税率。这样不仅可以起到支持企业的目的，而且能更好地发挥税收激励的作用，从而激发企业加大 R&D 投资，提高我国整体创新能力和创新水平。

（本章基于笔者论文《税收优惠刺激了企业 R&D 投资吗？》做了必要的调整、修改和完善而成。）

参考文献

[1] Arrow. The economic implications of learning by doing[J]. The Review of Economic Studies, 1962, 29(3): 155−173.

[2] Romer PM. Increasing returns and long-run growth[J]. Journal Political Economy, 1986,

94:1002−1037.

[3] Aghion P, Howitt P. Endogenous Growth Theory [M]. Cambridge, MA: MIT Press, 1998.

[4] Czarnitzki D, Hanel P, Rosa JM. Evaluating the impact of R&D tax credits on innovation: a microeconometric study on Canadian firms[J]. Research Policy, 2011, 40(2): 217−229.

[5] Bloom N, Griffith R, John VR. Do R&D tax credits work? Evidence from a panel of countries 1979–1997[J]. Journal of Pubic Economics, 2002, 85: 1−31.

[6] Wu Y. The effects of state R&D credits in simulating private R&D expenditure: a cross-state empirical analysis[J]. Journal of Policy Analysis and Management, 2005, 24: 785−802.

[7] Yang Y. Government preference and the optimal choice of R&D subsidy policy: innovation subsidy or product subsidy[J]. Journal of Applied Mathematics, 2014(1): 1−9.

[8] Koga T. Firm size and R&D tax incentives[J]. Technovation, 2003, 23: 643−648.

[9] Baghana R, Mohnen P. Effectiveness of R&D tax incentives in small and large enterprises in Québec[J]. Small Business Economics, 2009, 33 (1): 91−107.

[10] Cappelen A, Fjærli E, Foyn F, et al. Evaluation of the Norwegian R&D tax credit scheme[J]. Journal of Technology Management and Innovation, 2010, 5:97–109.

[11] Paff, Lolita A. State-level R&D tax credits: a firm-level analysis[J]. B.E. Journal of Economic Analysis & Policy, 2009, 5(1): 1–30.

[12] Yang CY, Huang CH, Hou CT.Tax incentives and R&D activity: firm-level evidence from Taiwan[J].Research Policy, 2012, 41(9):1578−1588.

[13] Kasahara H, Shimotsu K, Suzuki M. Does an R&D tax credit affect R&D expenditure? The Japanese R&D tax credit reform in 2003[J]. Journal of the Japanese and International Economics, 2014, 31:72−79.

[14] Castellacci F , Lie C M. Do the effects of R&D tax credits vary across industries? A meta-regression analysis[J]. Research Policy, 2015, 44(4): 819−832.

[15] 苏启林. 研究与开发税收激励政策的国际比较及其启示[J]. 外国经济与管理, 2003, 4: 39−44.

[16] 张涛, 马亚红. 中外R&D 所得税税收激励政策比较与思考[J]. 经济管理, 2008(10):

157-160.

[17] 黄国斌, 田志康. 促进科技创新的税收激励政策——英美等国的主要经验及其启示[J]. 经济管理, 2008(9): 151-156.

[18] 朱平芳, 徐伟民. 政府的科技激励政策对大中型工业企业R&D投入及其专利产出的影响——上海市的实证研究[J]. 经济研究, 2003, 6: 45-53+94.

[19] 戴晨, 刘怡. 税收优惠与财政补贴对企业R&D影响的比较分析[J]. 经济科学, 2008, 3: 58-71.

[20] 江静. 公共政策对企业创新支持的绩效——基于直接补贴与税收优惠的比较分析[J]. 科研管理, 2011, 4: 1-8+50.

[21] 邓子基, 杨志宏. 财税政策激励企业技术创新的理论与实证分析[J]. 财贸经济, 2011, 5: 5-10+136.

[22] 唐书林, 肖振红, 苑婧婷. 上市公司自主创新的国家激励扭曲之困——是政府补贴还是税收递延?[J]. 科学学研究, 2016, 5: 744-756.

[23] 郑榕. 对所得税中两种R&D税收激励方式的评估[J]. 财贸经济, 2006, 9: 3-8+96.

[24] 王俊. 我国政府R&D税收优惠强度的测算及影响效应检验[J]. 科研管理, 2011, 9: 157-164.

[25] 严成樑, 胡志国. 创新驱动、税收扭曲与长期经济增长[J]. 经济研究, 2013, 12: 55-67.

[26] 李林木, 郭存芝. 巨额减免税是否有效促进中国高新技术产业发展[J]. 财贸经济, 2014, 5: 14-26.

[27] 江希和, 王水娟. 企业研发投资税收优惠政策效应研究[J]. 科研管理, 2015, 6: 46-52.

[28] Kleer R. Government R&D subsidies as a signal for private investors[J]. Research Policy. 2010, 39(10):1361-1374.

[29] 王春元. 税收优惠刺激了企业R&D投资吗?[J]. 科学学研究, 2017, 35(2): 255-263.

第六章

不同税种优惠与
企业技术创新

党的十八大以来，以习近平同志为核心的党中央始终把科技创新放在国家发展全局的核心位置，推动我国科技事业发生历史性变革，取得历史性突破和成就，实现从自主创新到自立自强的重大跨越。党的二十大坚持创新在中国式现代化建设全局中的核心地位，旗帜鲜明地将科技与教育和人才作为全面建设社会主义现代化国家的基础性、战略性支撑。在国家科技创新战略指引下，企业始终是技术创新中最活跃、最积极的主体。能否将企业技术创新主体地位有效发挥出来，将会直接影响国家整体科技战略布局以及科技自立自强目标的实现。

基于三螺旋创新结构理论，产业、高校和政府部门在独立发挥各自作用、功能时又彼此"交迭"形成创新系统的核心单元，推动创新螺旋式上升。在创新系统中，企业既可作为独立单元进行自主创新，同时也可通过引进外生技术以缩短和降低新产品开发的时间和成本，从而提升企业整体创新能力和市场竞争力。相应地，为激发企业技术创新动力与潜力，政府制定并实施各种财政补贴和税收优惠政策。一方面，政府以财政补贴和所得税优惠（主要为研发费用税前加计扣除政策）解决和纠正造成创新市场失灵的正外部性、信息不对称性以及不确定性和风险等根源性问题，使企业能完全获取研发投资带来的全部收益，使全社会企业 R&D 投资无限接近或达到社会合意水平。此举可以刺激企业加大研发投入力度，实现内生技术创新和进步。另一方面，为配合《国家中长期科学和技术发展规划纲要（2006—2020 年）》，适时动态调整支持和鼓励重点发展领域和技术引进目录，支持相关行业和领域技术引进，政府出台财政贴息和增值税、关税免征等政策措施，加大技术引进力度。此乃有效降低企业外生技术引进成本，激励企业加大技术引进的力度和强度。在两方面税收优惠政策和内外生技术共同作用下，最终实现企业技术创新，这是政府制定税收优惠政策的初衷和目标。然而，技术引进是一把"双刃剑"，一方面，会增加企业技术交易的成本，可能对外部技术形成路径依赖，降低自主创新的积极性；另一方面，企业无法通过技术引进掌握关键核心技术，始终会受制于人[1-2]。因此，技术引进可能会促进企业技术创新，但也可能是抑制创新的，两者之间可能存在非线性关系[3-4]。根本原因在于，过度的技术引进不仅会增加相应支出，且会在很大程度上挤占企业研发支出，从而降低企业自主创新的力度。因此，自主创新和技术引进可能存在的非线性关系值得企业关注和重视，这一点自不必说，同样重要的是，作为激励和支持技术创新的税收优惠政策工具，加计扣除政策和技术引进税收优惠政策之间是否具有协调性呢？换言之，技术引进税收优惠政策是否会强化加计扣除政策的实施效果（研发投入激励效应）呢？因为这不仅会影响税收优惠政策效应发挥以及政策目标实现，而且更为重要的是会直接影响企业技术创新水平的提升。

从现有文献看，主要聚焦于两个方面的研究。其一，技术引进税收优惠政策与企业技术创新。研究表明，技术引进税收优惠政策确能促进企业技术创新，但是在创新质量与创新机制方面存在差异。技术引进税收优惠政策会促进企业非核心技术创新，且这种促进作用主要是通过加剧市场竞争的方式实现[5]；技术引进税收优惠政策对高技术产业创新能力作用显著，主要通过引导企业增加引进技术经费支出和技术改造经费支出[6]。其二，加计扣除政策与企业研发投入。相对而言，此方面的研究较为丰富，也形成了较为一致的结论，即加计扣除政策可以显著提高企业研发投入水平[7-13]。囿于数据限制，已有文献主要通过比较加计扣除政策调整前后（加计扣除强度变化）或政策颁布前后企业研发投入变化来探究政策效应，抑或比较加计扣除政策与财政补贴对企业研发投入的效应差异。当然，刘行和陈澈[14]以手工搜集的2500家中国上市公司加计扣除数据考察该政策的实际运行效果，研究发现经过严格认定的、高质量研发支出的产出激励效果极为显著。尽管如此，在既有文献中对加计扣除政策效应的探讨局限于企业自主创新的视域，未综合考虑企业在内生技术创新的同时进行外生技术引进，进而技术引进税收优惠政策可能对加计扣除政策造成影响。税收优惠政策工具间的影响是企业乃至决策部门不能忽视的重要问题，这也是目前已有研究中鲜有涉足的领域。

从政策工具本质以及基本数据事实考察。加计扣除政策属于税基式优惠，旨在调整和扩大与研发活动相关费用扣除口径，并以加计形式降低企业研发支出税后成本，实现激励目标。从研发支出税后成本模型看（后文中会详述），企业现金流及费用化和资本化之间的配比关系，将直接影响研发支出税后成本大小，费用化成本越高时，税后成本将越低，税收优惠力度将越大。技术引进税收优惠政策为增值税和关税免征，增值税为价外税，关税为价内税，在进口环节免征这两种税，会直接降低企业技术引进成本，减轻技术引进负担。从本质上看，该政策工具不仅可以减少当期现金流出，而且会在整个纳税年度中增加企业持有和可支配的现金。因此，从理论上考察，两方面的税收优惠政策工具具有较好的互补性，即技术引进税收优惠政策能将更多资金"挤入"，加大加计扣除政策的优惠力度和激励强度，从而进一步增加企业研发投入力度。2009—2015 年研发费用加计扣除减免税额分别增长了约 3 倍，年平均增幅高达 16.92%[1]，截至 2022 年，因加计扣除政策而减税的额度规模达 7000 亿元[2]。与此同时，全社会研发投资占 GDP 比值（研发投入强度）呈逐年上升态势，由 2009 年的 1.66% 上升到 2015 年的 2.07%，此后迅速上涨，到 2022 年高达 2.50%[3]，其中，2017—2022 年 5 年间企业研发投入年均增长约 25%[4]。这表明，全社会研发投入的积极性高，加计扣除政策激励效应显著。上述基本事实是否意味着技术引进税收优惠政策对加计扣除政策具有强化作用呢？

研究结论表明，技术引进税收优惠政策与加计扣除政策对企业研发投入均具有较好激励和促进作用，更为重要的是，两种税收优惠政策工具之间具有较好的协同性，政策工具的协同效应更显著。作用机制分析表明，技术引进税收优惠政策能"增加"和"挤入"自由现金流，增加费用化和资本化支出占比，强化加计扣除政策的实施效果。对于资金较为充裕或融资能力强的企业，技术引进税收优惠政策与加计扣除政策的协同效应更大，研发投入激励效应也更为显著。

---

① 数据来源：历年的《工业企业科技活动统计年鉴》，但该数据只公开到 2015 年。

② 数据来源：中国经济网《中经评论："加计扣除"加码促创新》，http://views.ce.cn/view/ent/202307/03/t20230703_38613927.shtml。

③ 数据来源：国家统计局网站 https://data.stats.gov.cn/index.htm。

④ 数据来源：中国经济网《中经评论："加计扣除"加码促创新》，http://views.ce.cn/view/ent/202307/03/t20230703_38613927.shtml。

相较于已有文献，本章可能的边际贡献体现在两个方面。①从企业多维、全局创新系统以及多政策工具视角分析政策工具的协同效应。有别于既有文献从单一政策（财政补贴抑或税收优惠）或者工具组合（财政补贴和税收优惠政策），抑或技术引进税收优惠政策探讨其政策的研发激励效应，本章综合考察了企业内生技术创新和外生技术引进及相应的税收优惠政策工具，探究两种政策工具间的关系及影响。②揭示政策工具间作用关系及内在传导机制。本章以技术引进税收优惠政策与加计扣除政策间关系及政策目标为切入点，识别前者对后者研发激励效应的影响，从企业自由现金流变动方向揭示技术引进税收优惠政策影响加计扣除政策的作用机制。

第一节 制度背景

我国技术创新体系可分为企业自主创新和国外技术引进两个维度。对应于不同维度，政府以财政激励机制引导、鼓励和支持企业从事技术创新活动，包括激励企业自主创新和支持技术引进的税收优惠政策两个方面，但是税收优惠政策工具类型及作用机制存在较大差异。

一、激励企业自主创新的税收优惠政策

激励企业自主创新的税收优惠政策涉及多税种（企业所得税、增值税、房产税、土地税等）、多优惠方式（税率优惠和税基优惠），只要符合条件的企业均可享受税收优惠政策。研发费用税前加计扣除政策（以下简称为加计扣除政策）是针对研发费用投入的一种税基式优惠，该政策适用于我国境内财务核算健全并能准确归集研发费用的居民企业；该政策属于事后政策，具有较强的市场韧性且更受企业青睐，对政府的吸引力则主要通过减少信息不对称来简化管理，较财政补贴更具预测性，对决策者和企业的管理成本更低，允许企业自由选择 R&D 项目[15]。2019 年全国企业创新调查显示，加计扣除政策最受企业家认可，认定度高达 46.0%，是所有 11 项

创新政策中最高的[1]。

从加计扣除政策具体条文及规定看，要区分研发支出是否形成无形资产的情形，未形成无形资产（费用化支出）除据实扣除外，另按一定的加计扣除率再加计扣除，并计入当期损益；形成无形资产（资本化支出）的，按照无形资产成本一定比例在税前摊销。那么，研发支出税后成本除受所得税法定税率、加计扣除率影响外，更为关键的是受制于费用化支出和资本化支出配比关系。在所得税法定税率和加计扣除率一定或短期内无变化时，费用化和资本化支出配比关系将对企业研发支出税后成本起关键作用。该成本越低，税收优惠度越高，反之则反是。

二、支持国外技术引进的税收优惠政策

2006 年 12 月商务部和国家税务总局联合发布《中国鼓励引进技术目录》（商务部 国家税务总局〔2006〕第 13 号）。该目录中共列出 314 项鼓励引进技术，其中 149 项给予技术引进税收优惠待遇，按现行税法规定可享受所得税减免、免征优惠[2]。在 149 项享受税收优惠的技术引进中有 93 项属于工业行业，其中 72 项属于制造业。2009 年开始由国家发展改革委、财政部、商务部联合印发《鼓励进口技术和产品目录》（以下简称《目录》）。2011 年、2014 年、2016 年根据实际情况分别对该目录做出动态调整，以积极扩大先进技术、关键装备及零部件进口，提升我国整体创新的能力，实现科技自立自强。

梳理《国家中长期科学和技术发展规划纲要（2006—2020 年）若干配套政策》、

---

① 数据来源：科技部网站《2018 年我国企业创新活动特征统计分析》。企业家认为效果较明显的各项政策依次为：企业研发费用加计扣除税收优惠政策（46.0%），创造和保护知识产权的相关政策（44.0%），高新技术企业所得税减免政策（42.6%），鼓励企业吸引和培养人才的相关政策（41.0%），优先发展产业的支持政策（39.6%），促进科技成果转化相关政策（38.8%），金融支持相关政策（38.0%），关于推进大众创业万众创新的各项政策（36.9%），企业研发活动专用仪器设备加速折旧政策（34.1%），技术转让、技术开发收入免征增值税和技术转让减免所得税优惠政策（29.7%），科技创新进口税收政策（25.5%）。

② 该所得税减免主要是指针对外商投资企业对内资企业技术转让中的所得税减免优惠。

《进口贴息资金管理办法》（财企〔2012〕142号）[①]以及相关税法条文不难发现，支持企业国外技术引进的税收优惠政策涉及所得税减免、增值税和关税免征等。可享受技术引进税收优惠政策的企业必须符合国家鼓励和支持具体包括对引进符合《目录》中的企业减免企业所得税[②]；对符合国家规定条件的企业技术中心、国家工程（技术研究）中心等，进口规定范围内的科学研究和技术开发用品，免征进口关税和进口环节增值税；对承担国家重大科技专项、国家科技计划重点项目、国家重大技术装备研究开发项目和重大引进技术消化吸收再创新项目的企业进口国内不能生产的关键设备、原材料及零部件免征进口关税和进口环节增值税。显然，针对国外技术引进的税收优惠主要是技术进口环节中增值税和关税免征。因此，在后文中笔者将这类政策工具简称为技术引进税收优惠政策。

第二节　理论基础与研究假定

一、技术引进税收优惠政策工具模型构建

依据政策规定，企业在技术引进中可以享受的税收优惠政策工具为关税和进口环节增值税免征，且技术引进必须符合《目录》规定，换言之，引进技术不属于鼓励行业则无法享受相应税收优惠。依据增值税抵扣法，技术引进环节的增值税进项税是企业在国外引进技术时向国外企业支付货款时支付的增值税。技术引进环节的增值税免征属于纳税人发生特定应税行为时的项目免征情形，不区分纳税人身份，无论是一般纳税人还是小规模纳税人，只要符合技术引进的相关条件均可免征增值税。这种形式的增值税免征能够豁免企业增值税纳税义务，加之关税免征，必定在一定程度上刺激企业技术引进的力度加大。因此，该政策目标具体而明确。

[①] 财政部、商务部于2012年6月11日对《进口贴息资金管理暂行办法》（财企〔2007〕205号）进行了修改和完善，并出台新的进口贴息资金管理暂行办法，原办法自动废止。

[②] 该所得税减免主要针对外商投资企业对内资企业技术转让中的所得税减免优惠。

根据《财政部关于印发〈增值税会计处理规定〉的通知》（财会〔2016〕22 号）的规定，对于企业当期直接减免的增值税，借记"应交税费—应交增值税（减免税款）"科目，贷记损益类科目。然而，为体现税会一致原则，企业在会计核算时会直接按照价税合计金额确认为"无形资产"。因此，在处理该笔业务时借记"无形资产"，贷记"银行存款"，无形资产计提摊销的会计分录为，借记"制造费用—用于产品生产等的无形资产摊销（或管理费用、生产成本等科目）"，贷记"累计摊销"。从该业务处理流程看，本应借记"应交税费—应交增值税—进项税额"直接计入无形资产成本，并在无形资产使用寿命内按照一定方法（直线法、产量法等）系统分摊其应摊销金额。按照无形资产摊销方法，其年限选择一般为 10 年，原本可在当期或下期直接抵扣的增值税则需在后续若干年内摊销完毕。显然，技术引进不同于一般流转环节，该环节增值税免征并未造成销项税和进项税额抵扣的错配。

为比较技术引进税收优惠政策对企业的影响，假定有两家企业，以 $i \in [1, 2]$ 表示。其中，企业 1 享受技术引进环节关税及增值税免征等优惠措施，企业 2 则不享受此优惠。两家企业为引进技术而发生的资金流出、所处环境及其他可享受政策优惠均一致。

设企业现金流为 Ca_{it}，其初始现金流相同且均为 Ca，技术引进费均为 $\overline{P}$，增值税销项税为 $\overline{T}_{it}^{vat}$，$t \in [1, n]$ 表示纳税期。企业 2 在技术引进环节中应缴纳的关税为 T_2^{tariff}，根据《中华人民共和国增值税暂行条例》规定，应缴纳的增值税为：$T_2^{vat} = (P + T_2^{tariff}) \div (1 - t_s) \times (1 + t_{vat})$，$P$ 关税完税价格，t_s 为消费税税率，t_{vat} 为增值税税率，其他增值税进项税为 $\tilde{T}_{it}^{vat}$。由于企业 1 可享受技术引进税收优惠政策，则其须缴纳关税和增值税。

根据《中华人民共和国增值税暂行条例》的规定，进口环节增值税纳税人可依据其取得的海关完税凭证（海关进口增值税专用缴款书）作为增值税进项税额抵扣凭证。进口企业自完税凭证开具之日起 180 天内向主管税务机关报送《海关完税凭证抵扣清单》（电子数据），申请稽核比对，逾期未申请的其进项税额不予抵扣。对稽核比对结果相符的海关缴款书，纳税人应在税务机关提供稽核比对结果的当月纳税申报期内申报抵扣，逾期的其进项税额不予抵扣。依据相关规定，进口企业从缴纳增值税到最终在销项税额中抵扣完毕，存在不确定性（受抵扣条件、范围及其他规定影响）和一定时滞，势必会对企业当期及往后各期现金流产生一定影响。

为简化处理，假定企业在技术引进的下一期可以抵扣该增值税，两家企业的现金流现值分别为式（6-1）和式（6-2）：

$$Ca_1 = Ca_{10} - \bar{P} + \frac{Ca_{11} - (\bar{T}_{11}^{\text{vat}} - \tilde{T}_{11}^{\text{vat}})}{1+r} + \frac{Ca_{12} - (\bar{T}_{12}^{\text{vat}} - \tilde{T}_{12}^{\text{vat}})}{(1+r)^2} + \cdots + \frac{Ca_{1n} - (\bar{T}_{1n}^{\text{vat}} - \tilde{T}_{1n}^{\text{vat}})}{(1+r)^n}$$

$$= Ca - \bar{P} + \frac{Ca - (\bar{T}_{11}^{\text{vat}} - \tilde{T}_{11}^{\text{vat}})}{1+r} + \frac{Ca_{12} - (\bar{T}_{22}^{\text{vat}} - \tilde{T}_{22}^{\text{vat}})}{(1+r)^2} + \cdots + \frac{Ca_{1n} - (\bar{T}_{1n}^{\text{vat}} - \tilde{T}_{1n}^{\text{vat}})}{(1+r)^n} \quad (6-1)$$

$$Ca_2 = Ca_{20} - \bar{P} - T_2^{\text{tariff}} - T_2^{\text{vat}} + \frac{Ca_{21} - (\bar{T}_{21}^{\text{vat}} - \tilde{T}_{21}^{\text{vat}} - T_2^{\text{vat}})}{1+r} + \frac{Ca_{12} - (\bar{T}_{22}^{\text{vat}} - \tilde{T}_{22}^{\text{vat}})}{(1+r)^2} + \cdots + \frac{Ca_{2n} - (\bar{T}_{2n}^{\text{vat}} - \tilde{T}_{2n}^{\text{vat}})}{(1+r)^n}$$

$$= Ca - \bar{P} - T_2^{\text{tariff}} - T_2^{\text{vat}} + \frac{Ca_{21} - (\bar{T}_{21}^{\text{vat}} - \tilde{T}_{21}^{\text{vat}} - T_2^{\text{vat}})}{1+r} + \frac{Ca_{12} - (\bar{T}_{22}^{\text{vat}} - \tilde{T}_{22}^{\text{vat}})}{(1+r)^2} + \cdots + \frac{Ca_{2n} - (\bar{T}_{2n}^{\text{vat}} - \tilde{T}_{2n}^{\text{vat}})}{(1+r)^n}$$

$$(6-2)$$

其中，r 为利率，n 为企业纳税期。

那么，由式（6-1）和式（6-2）即可得到 $Ca_1 - Ca_2 > 0$。这表明，企业 1 当期现金流以及在整个纳税期内现金流现值均较大。因此，技术引进因增值税豁免和关税免征而"节省"的现金将会增大企业的自由现金流。这种现金流是企业流动性最强的资金来源，是企业储备的财务冗余资源，具有"价值创造"的特征[16]。研发投资是企业战略性投资决策，通常需要有充足且冗余的资金才可顺利开展。

二、加计扣除政策工具模型构建①

本章借鉴 OECD（2019）关于 B 指数的测度方法，构建我国加计扣除政策优惠后企业研发支出税后成本 ATC 一般模型。设为加计扣除率，t_e 为企业适用的实际税

---

① 为进一步测度研发费用税前加计扣除政策的优惠强度，并与第四章中的测度方法做区分，本章从该政策对降低企业研发成本的视角入手并刻画，以再次证实该政策的优惠性和有效性。

率^①，模型中包括基准减税 A_{base} 和加计减税 A_{plus} 两部分。基准减税 A_{base} 适用于研发支出的标准税务处理，根据税法据实扣除。加计减税 A_{plus} 适用于符合条件的研发支出加计扣除税务处理。则如式（6-3）所示：

$$A_{base} = 1 \times t_c \qquad\qquad A_{base} = \lambda \times t_c \qquad\qquad (6-3)$$

OECD 的测算方法认为企业费用化支出和资本化支出权重分别为 0.9 和 0.1，这是基于 OECD 国家宏观数据估算得出的结论，但具体到企业层面则可能存在较大的差异。考虑本研究样本为上市公司，因此分别用企业研发支出中费用化支出占比 r_{exp} 和资本化占比 $r_{capital}$ 两个指标代替。因此，构建与测度平均总成本（ATC）一般模型如（6-4）所示：

$$ATC = 1 - r_{exp} \times (A_{base} + A_{plus}) - 0.1 \times r_{capital} \times (A_{base} + A_{plus}) \qquad (6-4)$$

上述模型表明，研发支出税后成本与法定税率、加计扣除率以及费用化和资本化支出配置相关。在一定时期内，法定税率和加计扣除率基本不变，那么，两类支出占比越低，研发支出税后成本 ATC 会越高，即税收优惠力度将越小。相反，若两类支出占比均提高，则研发支出税后成本 ATC 会更低，税收优惠力度更大。由于此税收优惠政策不局限于 R&D 活动，与 R&D 活动相关的支出都可能享受税收优惠。政策主要通过 "R&D 价格弹性（用户 R&D 成本）" 和 "增长率" 两方面作用于企业 R&D 投入，并以带转移参数的 R&D 需求方程和带用户 R&D 成本的需求方程测度税收优惠的激励效应。相较于财政补贴，该优惠政策更具市场导向性，削减企业使用者成本，能 1 比 1 地激励企业增加研发投入，进而对企业 R&D 投资产生正向激励作用，促进企业技术创新[17]，其优势显著且被广泛应用，因而国家应从直接财政补贴转向税收体系[18-20]。当然，税收优惠政策的激励效应可能也会表现出一定的行业差异[21-22]。

三、研究假定

基于上述分析，对于既从事自主创新活动又进行技术引进的企业而言，一方面，

---

① 根据《中华人民共和国企业所得税法》的规定，企业所得税基本税率为 25%，三种优惠税率分别为 20%、15% 和 10%。企业从事业务的多样化以及可以享受税收优惠等原因都将影响到企业年末实际税率。因此，采用企业实际税率来测度企业研发支出税后成本。

技术引进税收优惠政策能增加企业当期现金流及整个纳税期现金流现值，进而增加企业自由现金流；另一方面，研发创新活动具有周期长、风险高、不确定性强等特性，且对资金需求量大。资源基础理论表明企业技术创新活动需要资源支持，作为满足企业基本经营需求之外的企业自由现金流，因其具备高流动性和强支配性的特质，将发挥风险缓冲乃至降低创新风险的作用。财务灵活性假说认为，企业内部现金积累因自由现金流而增加，企业财务灵活性也相应增加。信息不对称理论和融资有序理论认为，当外部融资难以为企业研发活动提供持续且稳定的财务资源时，企业将更偏好且优先以内部资金满足研发需求[23]。总之，因技术引进税收优惠政策"增加"或"挤入"的现金流不仅增加了企业的自由现金流，而且增加了企业研发创新活动的"资金池"，并激发了其创新潜力。在加计扣除政策激励下，企业会将更多资金用于研发创新，相应的费用化和资本化支出必然随之增加，从而降低企业研发支出税收成本 ATC，使加计扣除政策的优惠力度更大，企业创新的积极性将会更高。因此，政策工具的协同效应比单一政策工具更大，两者之间具有显著的互补效应[24]。

据此提出研究假定 H1 和 H2：

H1 技术引进税收优惠政策与加计扣除政策具有较好的协调性，对企业研发投入的协同效应更大。

H2 技术引进税收优惠政策通过"增加"和"挤入"自由现金流强化加计扣除政策的实施效果。

既然技术引进税收优惠政策通过影响企业自由流而强化加计扣除政策的实施效果，那么，对于资金较为充裕或具有较强融资能力的企业而言，技术引进税收优惠政策会对加计扣除政策体现出更强的促进作用。据此提出研究假定 H3：

H3 对于资金较为充裕或融资能力强的企业，技术引进税收优惠政策与加计扣除政策的协同效应更大，对企业研发投入激励效应也更显著。

第三节　研究设计

一、样本选择及数据来源

本章采用的上市公司数据来自 Wind 和 CSMAR（国泰安）数据库，研究时间跨度为 2009—2021 年。对数据做相应处理：

（1）去除所有金融类上市公司样本；

（2）去除样本期内成立的以及数据缺失量较大和 ST 企业样本；

（3）对企业层面所有连续变量进行上下 1% 的缩尾处理，以消除或缓解异常值对实证分析结果可能造成的干扰。

企业身份信息包括股票代码、成立时间、企业属性、所在省份、城市及相应代码、所属行业及代码，财务指标信息包括研发支出（包括费用化支出和资本化支出）、年末所得税率、总资产净利率、资产负债率、加计扣除率、财政补贴等。

二、基准模型设定

前文政策梳理表明，《目录》自 2006 年出台以来，历经 2009 年、2011 年、2014 年和 2016 年的多次动态调整，享受技术引进税收优惠政策的企业以及时间均存在差异。本部分以《目录》出台为准进行自然实验，构建多期双重差分法（多期 DID）模型检验技术引进税收优惠政策对加计扣除政策的研发激励效应的影响。多期双重差分变量 DID 的取值规则为：企业享受技术引进税收优惠政策的当年策冲击及之后年度，DID 取值为 1，否则为 0[25-26]。考虑到加计扣除政策以及技术引进税收优惠政策适用条件的差异性，模型中以技术引进税收优惠政策与加计扣除政策（研发支出税后成本）的交互项，即 $DID \times ATC_{it}$，衡量企业在享受加计扣除政策优惠的同时又享受技术引进税收优惠政策，即后者可能对前者产生的冲击效应。为捕捉受技术引进税收优惠政策冲击造成的影响，构建面板固定效应模型测度加计扣除政策的研发激励效应。基准多期 DID 模型和固定效应模型如式（6-5）和式（6-6）所示：

$$\text{rdspenditure}_{it} = \bar{\alpha}_0 + \bar{\alpha}_1 \text{DID} + \sum_{j=1}^{M} \bar{\beta}_j X_{it} + \bar{\mu}_t + \bar{\xi}_i + \bar{\varepsilon}_{it} \tag{6-5}$$

$$\text{rdspenditure}_{it} = \tilde{\alpha}_0 + \tilde{\alpha}_1 \text{ATC}_{it} + \sum_{j=1}^{M} \tilde{\beta}_j X_{it} + \tilde{\mu}_t + \tilde{\xi}_i + \tilde{\varepsilon}_{it} \tag{6-6}$$

具有交互项的模型如式（6-6）所示：

$$\text{rdspenditure}_{it} = \alpha_0 + \alpha_1 \text{DID} \times \text{ATC}_{it} + \alpha_3 \text{DID} + \alpha_4 \text{ATC}_{it} \sum_{j=1}^{M} \beta_j X_{it} + \mu_t + \xi_i + \varepsilon_{it} \tag{6-6}$$

作用机制模型如式（6-7）和式（6-8）所示：

$$f\text{cash}_{it} = \hat{\alpha}_0 + \delta_1 \text{DID} + \sum_{j=1}^{M} \hat{\beta}_j X_{it} + \sum_{k=1}^{N} \hat{\gamma}_k Z_{it} + \hat{\mu}_t + \hat{\xi}_i + \hat{\varepsilon}_{it} \tag{6-7}$$

$$\text{rdspenditure}_{it} = \alpha_0' + \delta_2 \text{scashf low}_{it} \times \text{DID} + \alpha_1' \text{DID} + \sum_{j=1}^{M} \alpha_j' X_{it} +$$

$$\sum_{k=1}^{N} \gamma_k' Z_{it} + \mu_t' + \xi_i' + \varepsilon_{it}' \tag{6-8}$$

以模型（6-7）和（6-8）分析技术引进税收优惠政策如何影响加计扣除政策研发激励效应的发挥。若技术引进税收优惠政策通过自由现金流影响企业研发投入，则待估参数 δ_1 和 δ_2 均应当显著，且其乘积 $\delta_1\delta_2$ 符号与 α_1' 一致为正；反之，若两者不显著或两者符号相反，则该税收优惠政策并未通过影响自由现金流作用企业研发投入，或者中介效应不显著。若检验结果显示其中介效应系数在 1% 的水平上显著为正，即国外技术引进税收优惠政策能显著增加企业自由现金流。

在上述模型中，被解释变量 rdspenditure_{it} 为企业研发投入，衡量企业自主创新投入情况。ATC_{it} 为企业研发支出税后成本，中介变量为自由现金流 scashflow_{it}。为控制变量，用以控制影响企业研发支出的相关变量。本部分选取政府补助 subsidy_{it}，企业存续时间 age_{it}，企业规模 temployee_{it}，资产负债率 debtrate_{it}。α，β，γ，δ，$\bar{\alpha}$，$\bar{\beta}$，$\hat{\alpha}$，$\hat{\beta}$，$\tilde{\alpha}$，$\tilde{\beta}$，α'，β' 为相应变量系数，μ_t，$\bar{\mu}_t$，$\tilde{\mu}_t$，$\hat{\mu}_t$，μ_t' 和 ξ_i，$\bar{\xi}_i$，$\tilde{\xi}_i$，$\hat{\xi}_i$，ξ_i' 分别表示时间固定效应和个体固定效应，ε_{it}，$\bar{\varepsilon}_{it}$，$\tilde{\varepsilon}_{it}$，$\hat{\varepsilon}_{it}$，ε_{it}' 为扰动项，i 和 t 分别表示企业和年份。

三、变量定义

1. 企业研发投入 rdspenditure$_{it}$

以企业当年实际研发投入经费表示。

2. 多期双重差分变量 DID

由于企业财务报表中并未报告其所享受税收优惠具体金额，因此，结合历年《目录》中《鼓励发展的重点行业》信息，编制相应引进技术所属行业四位代码[①]，并与上市公司所属行业代码进行匹配，若匹配成功则 DID 赋值为 1（即享受优惠政策当年及后续《目录》出台前），表明该企业属于鼓励发展的重点行业，其引进国外技术时会享受税收优惠政策；若未匹配成功，则 DID 赋值为 0，表明企业不属于鼓励发展的重点行业，无法享受税收优惠政策。依此思路对研究样本进行匹配（见表6-1），2009 年和 2011 年享受技术引进税收优惠政策的企业数量均为 646 家，占比 1.05%；2014 年为 791 家，占比 1.29%；2016 年为 999 家，占比 1.63%。这表明随着《目录》的实施及动态调整，有部分企业可能因此进入或退出鼓励发展的重点行业，各年享受税收优惠政策的企业数量不同。这体现出在技术引进领域发展目标明确政策导向性强，受鼓励重点发展行业应服务于国民经济发展需要。

表6-1 享受技术进口优惠政策企业数量及占比

政策实施年份	企业数量/家	占比/%
2009 年	646	1.05
2011 年	646	1.05
2014 年	791	1.29
2016 年	999	1.63

3. 研发支出税后成本

研发支出税后成本用以度量企业享受加计扣除政策后的研发支出成本。越小表

[①] 考虑到国民经济行业行业分类代码的调整与变动，本书中涉及的行业分类及其代码全部以 2012 年《国民经济行业分类（GB/T 4754—2011）》为基准做相应调整。

明加计扣除政策优惠力度越大，反之则反是。依据研究样本相关数据计算得出，企业研发支出中费用化支出占比的均值为0.941，最小值为0.513，最大值为1；相应地，资本化支出占比的均值为0.096，最小值为0，最大值为0.577。费用化支出与资本化支出的平均比值约为0.9∶0.1，这接近于OECD国家的平均水平。结合上述计算ATC的一般模型，得到ATC的均值为0.689，这意味着我国上市公司每投入1单位研发费用，其税后平均成本为0.689，税收优惠率为0.311［（1-0.689）/1］。当然，不同公司间存在的差异也较大，其最小税后成本为0.455，最大为1。

4. 控制变量 X

财政补贴 $subsidy_{it}$ 是企业因进行研发创新活动而获得各级政府部门的相关财政补贴资金，因而需对直接获取的政府补助数据经过筛选和甄别处理，去除与研发活动无关的补助，最后经过整理、计算汇总得到研发创新方面的政府补助数据。企业存续时间 age_{it} 以当年年份减去企业成立时间代替，企业规模 $temployee_{it}$ 以企业当年员工人数代替，资产负债率 $debtrate_{it}$ 以企业当年资产负债率数据表示。

5. 中介变量 Y

作为技术引进税收优惠政策影响加计扣除政策的中介变量，自由现金流的度量显得至关重要。企业经营活动产生的现金流是其日常现金流的主要来源且能反映企业的持续经营能力，对企业创新活动具有重要影响，但具有一定的不确定性和波动性[27]。基于自由现金流属性，本部分以企业经营活动产生的现金流净额与资本性支出的差额作为企业自由现金流的近似值，其中，资本性支出＝购建固定、无形、其他长期资产所支付的现金－处置固定、无形、其他长期资产而收回的现金净额。为消除估计过程中可能产生的偏误，以企业自由现金流与总资产比值的前3期标准差 $scashflow_{it}$ 作为实证分析中自由现金流的替代变量。

对所有相关变量取自然对数后的描述性统计结果如表6-2所示。

表6-2 变量描述性统计分析

变量	观测值	均值	标准差	最小值	最大值
研发投入	41,776	17.435	1.572	1.447	24.410

变量	观测值	均值	标准差	最小值	最大值
DID	59,748	0.204	0.403	0	1
研发支出税后成本	48,008	−0.381	0.148	−0.788	0
财政补贴	43,609	15.960	1.644	2.536	22.876
企业存续时间	57,914	2.586	0.600	0	4.190
企业规模	47,803	7.337	1.364	0.693	13.223
资产负债率	49,294	3.613	0.627	−1.757	9.789
自由现金流	33,254	−2.927	1.158	−11.533	6.268

第四节　实证分析

一、基准回归结果

本节使用Stata 18软件进行回归分析。依据式（6-5）~式（6-7），在分别控制企业、行业和年份固定效应基础上，检验技术引进税收优惠政策与加计扣除政策的协调性。

表6-3中列（1）和列（2）报告的基本回归结果显示，研发支出税后成本与研发投入在1%的水平上呈显著逆相关关系，研发支出税后成本越低，企业研发投入越大，因此，加计扣除政策的优惠力度越大，企业研发投入水平越高，前者对后者具有显著正向激励效应。同样，技术引进税收优惠政策与企业研发投入在10%的水平上具有正向促进作用。这表明，两种政策工具与企业研发投入均存在正相关关系。这与已有研究结论基本一致。表6-3中列（3）~列（6）中所列示在逐步加入控制变量后，两种政策工具交互即企业同时享受加计扣除政策和技术引进税收优惠政策时对企业研发投入的效应。政策工具交互项的系数均在1%的水平上显著为负，这表明技术引进税收优惠政策的冲击并未影响或改变加计扣除政策的激励效应，反而对加计扣除政策具有强化作用，使得研发支出税后成本进一步降低，列（3）~列（6）

中政策交互项的系数绝对值相较于列（1）中研发支出税后成本系数更大。这意味着技术引进税收优惠政策与加计扣除政策之间具有较好的协调性，技术引进税收优惠政策在支持技术引进的同时会强化和促进加计扣除政策的激励效应，从而使两种政策工具的激励效应远高于单一政策工具。因此，研究假定H1得到证实。

另外，从控制变量来看，政府财政补贴体现出"补助效应"，有利于缓解企业融资约束压力，同时也展现出较强的"信号效应"，对企业扩大融资范围，吸引更多投资者具有积极作用，表现出对企业研发投入的显著正相关性。另外，规模越大的企业将更有动力和积极性进行自主创新，企业规模与研发投入存在显著正相关性。企业存续时间越长，代表着企业声誉好、市场占有率高以及竞争力和盈利能力强，其进一步改变和自主创新的动力也可能越强，因此会导致存续时间越长的企业研发投入力度越弱。资产负债率越高，表明企业的自有资金以及流动性可能较低，融资约束压力较大，因而两者表现出负相关性（不显著）。

表6-3 政策工具协同效应检验

类型 变量	加计扣除政策	技术引进	政策交互			
	（1）	（2）	（3）	（4）	（5）	（6）
政策工具交互项	—	—	−0.943***（−6.34）	−0.732***（−5.16）	−0.599***（−4.48）	−0.583***（−4.38）
DID	—	0.024*（1.79）	−0.336***（−6.79）	−0.236***（−4.95）	−0.181***（−4.14）	−0.174***（−4.00）
研发支出税后成本	−0.537***（−4.79）	1.665***（25.61）	1.104***（15.16）	1.893***（26.67）	1.832***（25.87）	1.781***（25.25）
财政补贴	0.093***（12.36）	0.248***（43.28）	0.538***（101.31）	0.247***（42.78）	0.247***（42.91）	0.248***（43.29）
企业规模	0.644***（25.68）	0.601***（82.21）	—	0.568***（81.74）	0.582***（83.03）	0.600***（82.24）
存续时间	1.535***（30.98）	−0.174***（−11.37）	—	—	−0.173***（−11.27）	−0.175***（−11.41）
资产负债率	−0.008（−0.56）	−0.113***（−11.56）	—	—	—	−0.112***（−11.49）

续表

类型 变量	加计扣除 政策	技术引进	政策交互			
	（1）	（2）	（3）	（4）	（5）	（6）
常数	6.919*** （46.94）	10.579*** （132.12）	9.321*** （108.06）	10.040*** （140.85）	10.391*** （133.62）	10.625*** （131.08）
行业固定效应	YES	YES	YES	YES	YES	YES
年份固定效应	YES	YES	YES	YES	YES	YES
观测值	36849	36849	37467	37105	36849	36849
调整后 R^2	0.517	0.560	0.440	0.555	0.559	0.560

注：*、**和***分别表示在10%、5%和1%水平上显著；括号内数值为 t 值。

二、稳健性检验

为验证基准回归结论的可靠性，本部分将做相应的稳健性检验。

（一）平行趋势检验

采用多期 DID 模型分析的一个重要假设前提是，若国外技术引进税收优惠政策冲击不存在或消失，实验组和控制组之间的变动趋势保持一致，且不存在系统性差异。在本研究样本中可能产生的质疑是，国外技术引进税收优惠政策出台前，受支持企业（实验组）的研发投入可能就比未支持企业（控制组）低，即两组企业在政策冲击前就存在系统性差异，则必定影响前文的基准回归结论。

本部分借鉴 Beck 等[28]的做法，通过事件研究法对政策的动态经济效应进行分解和分析，即以各期时间减去各自政策实施时间的方式对政策时间作中心化处理。若技术引进税收优惠政策实施之前政策虚拟变量系数显著为 0，则说明政策实施之前处理组和控制组之间不存在显著差异，也就是平行趋势假定成立。依此思路，将国外技术引进税收优惠政策实施前 2 年和 3 年虚拟变量作为解释变量进行回归，将其回归系数以及 95% 置信区间作图（见图 6-1）。

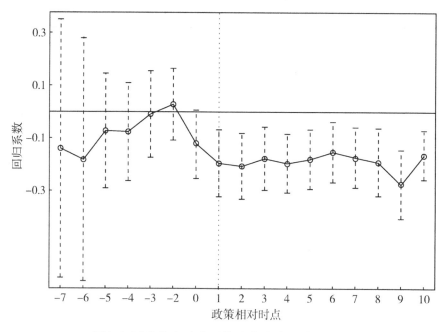

图6-1 国外技术引进税收优惠政策的动态效应

在图6-1中，国外技术引进税收优惠政策实施前2年，实验组和控制组中企业研发投入并未存在系统性差异，但是在受到该政策冲击的当年以及后续年份，实验组企业的研发投入呈现出显著"逆向"态势，意味着该政策的实施对企业研发投入的冲击力度很大。这表明，政策实施前的平行趋势假设是满足的，同时也再次佐证了本书的研究假定 H1。

（二）安慰剂检验

对于基准回归结论而言，另一个可能的质疑在于，企业研发投入的显著性降低可能来自某些随机因素的干扰。为此，本部分借鉴 Cantoni 等[29] 的处理思路构造安慰剂检验，来检验国外技术引进税收优惠政策的研发投入抑制效应是否是由其他随机因素引起的。根据上市公司样本，我们随机生成处理组并重复进行 500 次回归，并将 500 次回归中国外技术引进税收优惠政策冲击的 t 值统计出来，做出被解释变量下引进政策冲击 t 值的核密度图。

表 6-5 中报告了抽样估计结果。β 值为 -0.037 与基准模型（12）中系数值一致，

在500次抽样中，所有单侧检验结果均在基准回归系数右侧，相应 p 值为0；双侧检验中 p 值仍为0。因此，安慰剂检验结果成立。另外，从 t 值图（见图6-2）可得到相似结论，大部分随机抽样结果的 t 值都位于零值附近，仅有少数估计结果的 t 值小于基准回归结果。

表6-5　安慰剂检验的抽样结果

T	T（观测值）	检验	c	n	蒙特卡洛误差		
					p	标准误差（p）	[95% 置信区间（p）]
β	−0.416	下限	0	500	0	0	0	0.007
—	—	上限	500	500	1.000	0	0.993	1.000
—	—	双侧	—	—	0	0	—	—

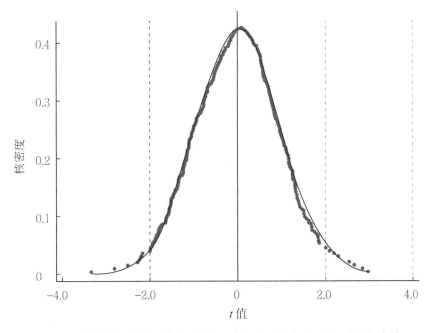

图6-2　国外技术引进税收优惠政策对企业研发投入回归的 t 统计量

（三）PSM-DID 检验

为克服国外技术引进税收优惠政策的选择性偏差，确保政策冲击效应估计是建立在可比较企业（初始条件相同）间不同结果的基础上，我们采用倾向评分匹配法（PSM）将多维向量信息降至一维，然后根据倾向得分进行匹配，确保在既定可观测特征变量下，实验组和控制组企业尽可能相似，以缓解处理效应的选择性偏差问题。

本部分对企业研发投入、研发支出税后成本、政府补助、企业存续时间、企业规模、资产负债率等6个变量进行匹配。与匹配前相比，匹配后6个变量间的差异均大幅下降，t检验值由显著变成不显著。另外，各变量匹配后均值的标准化误差（bias）均小于10%，即所有t检验结果接受实验组与控制组无系统性差异的原假设。因此，PSM的平衡性检验通过。对匹配后样本进行相应的多期DID回归得到表6-6的结论。表6-6汇报的信息表明，PSM-DID回归的结论与基准回归基本一致，只是相应系数或绝对值有不同程度的增加。因此，可以确认本匹配方法恰当。

表6-6 稳健性检验——PSM-DID

变量	基准回归	PSM-DID
政策工具交互项	−0.583*** （−4.38）	−0.418*** （−5.190）
DID	−0.174*** （−4.00）	−0.093*** （−4.044）
研发支出税后成本	1.781*** （25.25）	1.714*** （20.513）
财政补贴	0.248*** （43.29）	0.254*** （39.187）
企业规模	0.600*** （82.24）	0.591*** （73.922）
存续时间	−0.175*** （−11.41）	−0.162*** （−9.784）
资产负债率	−0.112*** （−11.49）	−0.102*** （−9.450）
常数	10.625*** （131.08）	10.537*** （118.040）
行业固定效应	YES	YES
年份固定效应	YES	YES
观测值	37724	29473
调整后 R^2	0.51	0.565

注：*、**和***分别表示在10%、5%和1%水平上显著；括号内数值为t值。

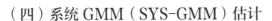

（四）系统GMM（SYS-GMM）估计

运用系统GMM方法在控制年份和行业固定效应并逐步加入控制变量后，依然能得到与基本回归结论较为一致的结论（见表6-7）。这表明技术引进税收优惠政策与加计扣除政策具有很好的协调性，两种政策工具组合的研发激励效应更加显著，基本结论是稳健的。

表6-7　系统GMM（SYS-GMM）估计结果

变量	（1）	（2）	（3）	（4）
研发投入滞后1期	0.768*** （32.95）	0.617*** （20.91）	0.654*** （21.12）	0.654*** （20.42）
政策工具交互项	−0.246*** （−4.10）	−0.356*** （−5.31）	−0.321*** （−4.89）	−0.324*** （−4.91）
DID	−0.0530*** （−3.03）	−0.0542*** （−2.74）	−0.0494** （−2.56）	−0.0490** （−2.53）
研发支出税后成本	0.371*** （6.23）	1.026*** （10.99）	0.904*** （9.53）	0.895*** （9.40）
财政补贴	0.101*** （9.65）	0.0604*** （8.96）	0.0543*** （7.81）	0.0544*** （7.68）
企业规模	—	0.253*** （13.63）	0.240*** （12.26）	0.242*** （11.59）
存续时间	—	—	−0.111*** （−8.00）	−0.110*** （−7.93）
资产负债率	—	—	—	−0.0160* （−1.85）
常数	2.654*** （10.57）	4.329*** （13.87）	4.145*** （12.48）	4.769*** （15.87）
行业固定效应	YES	YES	YES	YES
年份固定效应	YES	YES	YES	YES
观测值	34878	34737	34506	34506

注：*、**和***分别表示在10%、5%和1%水平上显著；括号内数值为t值。

三、作用机制分析

理论分析表明，国外技术引进税收优惠政策在支持企业技术引进的同时会"增加"或"挤入"现金流，从而增加企业自由现金流，这有助于进一步降低企业研发支出税后成本，从而强化加计扣除政策的研发投入激励效应。因此，国外技术引进税收优惠政策可能通过增加企业自由现金流降低研发支出税后成本而影响加计扣除政策的实施效果。

为此，基于式（6-8）和式（6-9）：第一步以自由现金流为被解释变量，以国外技术引进税收优惠政策为解释变量，检验国外技术引进税收优惠政策对企业自由现金流的影响；第二步，以企业研发支出税后成本为被解释变量，在基准回归模型（5）中同时加入中介变量—自由现金流和其他控制解释变量，以此观察两者系数变化，若其系数大幅下降且显著性也降低，则说明国外技术引进税收优惠政策分别通过影响企业自由现金流，进而影响企业研发投入。模型（9）同样采用多期DID估计，以受技术引进税收优惠政策影响的企业作为实验组，即以的值作为实验组企业自由现金流的替代值，其他未受该政策影响的企业为控制组。

具体检验结果如表6-8所示。

表6-8 作用机制分析

变量	（1）	（2）
	自由现金流	研发支出税后成本
DID	0.051*** （2.941）	—
自由现金流	—	−0.003*** （−4.849）
控制变量	YES	YES
常数项	−2.460*** （−38.594）	−0.125** （−18.528）
行业固定效应	YES	YES
年份固定效应	YES	YES
观测值	30911	28991
调整后 R^2	0.058	0.344

注：*、**和***分别表示在10%、5%和1%水平上显著；括号内数值为t值。

表6-8报告的信息表明，国外技术引进税收优惠政策会显著增加企业自由现金流，同样地，自由现金流的增加会降低企业研发支出税后成本，进而强化加计扣除政策

的研发激励效应。这证实了研究假定 H2，即技术进口环节增值税豁免以及关税免征减少了企业当期现金流出并使其整个纳税年度的现金流现值远高于未享受该优惠政策的企业，从而为企业开展创新活动增加"资金池"并减降低外部融资成本，最终强化加计扣除政策的研发激励效应。因此，自由现金流在两种税收优惠政策工具之间发挥着至关重要的传导作用。

四、异质性分析

前文分析表明，技术引进税收优惠政策会对企业自由现金流造成影响，因此，在异质性分析中主要基于现金流和行业属性等方面差异做进一步检验。

作为具有生命状态的组织，企业同样具有类似于生物体的生命特征[30]。企业研发创新活动受制于自身资源禀赋，尤其是内源性资金等因素的影响，因此，借鉴刘诗源等以现金流模式对企业生命周期的划分方法[31]，通过对经营、投资、筹资三类活动现金流净额的正负组合反映的生命周期不同阶段的经营风险、盈利能力和增长速度等特性，将研究样本企业划分为成熟期、成长期和衰退期三个阶段。成熟期企业盈利水平稳定，现金流相对较为充裕，融资约束基本得到缓解；相对而言，成长期企业盈利较少，且资本性支出较大，融资约束压力大；衰退期企业销售额减少、市场占有率及利率均大幅下滑，自由现金流将更少。

成为高新技术企业必须具备一定条件且经过国家认定，这要求其应在规定的行业内从事持续的研发创新活动，进行研发成果转化，形成自主知识产权，并据此从事生产经营活动①。借鉴黎文靖和郑曼妮[32]的做法，本部分将专业设备制造业、软件和信息技术服务业等行业作为高科技行业，其他行业作为非高科技行业。另外，高新技术企业在税收优惠政策享有等方面也会得到一定的倾斜。《中华人民共和国国民经济和社会发展第十四个五年规划和2035年远景目标纲要》就明确提出要大力实施"高新技术企业税收优惠等普惠性政策"。高新技术企业在企业营业收入、工业总产值、净利润、上缴税费和出口总额等经济绩效方面在2008—2018年中均呈上

---

① 新版《高新技术企业认定管理办法》对高新技术企业所属的行业进行了明确的界定。

升趋势[33]。加之本身所具有的创新活力、市场竞争力和占有率，在自由现金流方面必然更充裕和更具优势。

根据《国民经济行业分类》（GB/T 4754—2017）中的分类方法以及国家统计局修订出台的《统计上大中小微型企业划分办法（2017）》（国统字〔2017〕213号）中《统计上大中小微型企业划分标准》①中的相关规定，工业企业包括采矿业，制造业，电力、热力、燃气及水生产和供应业，即门类代码为"B""C""D"三大门类所属企业划分为工业企业，其他企业为非工业企业。根据企业属性将研究样本划分为国有企业和非国有企业。

根据上述分类方法对研究样本做异质性分析（均控制行业和年份固定效应），具体结论如表6-9所示。

表6-9 异质性分析

变量	企业生命周期			高科技		所有权性质		是否为工业企业	
	成长期	成熟期	衰退期	高科技	非高科技	国有	非国有	工业	非工业
政策工具交互项	−0.367* （−1.79）	−1.062*** （−4.48）	−0.516** （−2.01）	−1.349*** （−4.79）	−0.331** （−2.26）	−1.299*** （−6.06）	−0.116 （−0.69）	−0.371*** （−2.58）	−1.626*** （−5.33）
DID	−0.050 （−0.75）	−0.405*** （−5.21）	−0.135 （−1.62）	−0.505*** （−5.60）	−0.064 （−1.34）	−0.516*** （−6.44）	0.040 （0.76）	−0.088* （−1.92）	−0.627*** （−5.76）
研发支出税后成本	1.854*** （16.60）	1.745*** （15.22）	1.806*** （12.54）	1.058*** （5.71）	1.870*** （24.54）	1.589*** （12.50）	2.039*** （24.15）	1.949*** （23.80）	1.445*** （11.06）
控制变量	0.248*** （27.46）	0.248*** （24.65）	0.243*** （22.39）	0.216*** （19.32）	0.256*** （39.46）	0.210*** （17.59）	0.259*** （41.38）	0.270*** （41.10）	0.187*** （16.85）
行业固定效应	YES	YES	YES	YES	YES	YES	YES	YES	YES
年份固定效应	YES	YES	YES	YES	YES	YES	YES	YES	YES
观测值	15261	12013	9574	6010	30839	10110	26739	28374	8475
调整后 R^2	0.582	0.572	0.508	0.652	0.549	0.571	0.568	0.580	0.511

注：*、**和***分别表示在10%、5%和1%水平上显著；括号内数值为 t 值。

---

① 相关资料来自国家统计局网站 http://www.stats.gov.cn.。

表6-9的结论表明，技术引进税收优惠政策与加计扣除政策在企业处于成熟期时的协同效应更强，对研发投入的激励效应更大。高科技企业以及国有企业因其所具有的禀赋和享受的优惠政策优势，两种政策的协调性也更佳，研发投入的激励效应也远高于其他企业。政策工具的协调性在工业企业和非工业企业之间表现出一定的差异性。因此，研究假定H3得以验证。

第五节　研究结论及政策启示

本章研究表明，加计扣除政策会降低企业研发支出税后成本，从而激励企业研发投入；技术引进税收优惠政策对企业研发投入也具有显著的促进作用。更为重要的是，技术引进税收优惠政策与加计扣除政策具有很好的协调性，前者会进一步强化后者对研发投入的激励效应，两种政策工具的协同效应更大。平行趋势检验、PSM-DID检验以及系统GMM估计均印证了基本结论是稳健可靠的。作用机制分析表明，技术引进税收优惠政策会增加企业当期以及整个纳税年度内现金流现值，增大企业自由现金流，从而增加企业费用化和资本化支出，降低研发支出税后成本。另外，处于生命周期不同阶段企业的政策协调效应存在一定差异，成熟期企业的协调效应更大；高科技企业、国有企业分别较非高科技企业和非国有企业政策协调性更大；工业企业与非工业企业之间的政策协同效应存在一定差异。

因此，本研究可能的政策启示主要体现在以下两个方面。

第一，实现科技自立自强，需要审慎实施税收优惠政策，最大限度地确保和发挥政策工具的协调效应。在国家创新驱动发展战略实施过程中，既要保证单一税收优惠政策目标的实现，又要保持税收优惠政策工具的协调性，使得政策工具的协调效应较单一政策工具更大，以激发企业技术创新动力和潜力，并提升企业的整体创新水平。同时，简化税收优惠政策实际操作中的烦琐程序，降低企业税收遵从成本。因此，政府需强化和完善相应税收优惠政策的制定和执行。

第二，完善并优化信贷政策，降低企业融资成本。在经济高质量发展中，银行及其他金融机构应持续为符合条件或有资金需求的研发创新企业在信贷方面予以相应倾斜，尤其是处于成长期企业、部分工业企业及高新技术企业，切实降低企业融资成本，确保企业现金流的充裕，有效发挥自由现金流的中介效应，为税收优惠政策协调效应发挥提供必要支撑。

当然，技术引进税收优惠政策的实施也应保持适度水平，如对技术引进过度刺激或支持，可能会导致企业技术路径依赖，甚至对自主创新产生挤出效应。如何确定技术引进税收优惠政策适度水平以实现两种税收优惠政策协同效应的最大化，将是后续进一步深入研究的方向。

参考文献

[1] Bettis RA, Bradley SP, Hamel G. Out sourcing and industrial decline[J]. Academy of Management Executive, 1992, 6(1): 7−22.

[2] 彭峰, 李燕萍. 技术转移方式、自主研发与高技术产业技术效率的关系研究[J]. 科学学与科学技术管理, 2013, 34(5): 44−52.

[3] Berchicci L. Towards an open R&D system: internal R&D investment, external knowledge acquisition and innovative performance[J]. Research Policy. 2013, 42(1): 117−127.

[4] 肖利平, 谢丹阳. 国外技术引进与本土创新增长: 互补还是替代——基于异质吸收能力的视角[J]. 中国工业经济, 2016 (9): 75−92.

[5] 张双龙, 全荣学, 刘奥. 技术引进税收优惠能否促进企业自主创新？[J]. 财经研究, 2022, 48(8): 124−138.

[6] 吴昌南, 钟家福. 技术引进税收优惠政策提高了产业创新能力吗?——基于《中国鼓励引进技术目录》的准自然实验[J]. 当代财经, 2020(9): 101−113.

[7] 王春元, 叶伟巍. 税收优惠与企业自主创新: 融资约束的视角[J]. 科研管理, 2018, 39(3): 37−44.

[8] 陈强远, 林思彤, 张醒. 中国技术创新激励政策: 激励了数量还是质量[J]. 中国工业经济, 2020(4): 79−96.

[9] 王玺, 刘萌. 研发费用加计扣除政策对企业绩效的影响研究——基于我国上市公司的实证分析[J]. 财政研究, 2020(11): 101−114.

[10] 李官辉. 加计扣除政策强化的边际递减效应遏制——基于税收政策协同视角[J]. 经济问题, 2022(12): 120−128.

[11] Howell A. Firm R&D, innovation and easing financial constraints in China: Does corporate tax reform matter?[J]. Research Policy, 2016, 45(10):1996−2007.

[12] Guceri I , Liu L .Effectiveness of fiscal incentives for R&D: A quasi-experiment[J].Oxford University Centre for Business Taxation, 2015:266−291.

[13] Li Q , Ma M S , Shevlin T J .The effect of tax avoidance crackdown on corporate innovation[J]. Journal of Accounting & Economics, 2021, 71(2−3):101382.

[14] 刘行, 陈澈. 中国研发加计扣除政策的评估——基于微观企业研发加计扣除数据的视角[J]. 管理世界, 2023, 39(6): 34−55.

[15] Montmartin B, Herrera MI. Internal and external effects of R&D subsidies and fiscal incentives: Empirical evidence using spatial dynamic panel models[J].Research Policy, 2015, 44(5):1065−1079.

[16] 干胜道, 何玲, 李小华. 自由现金流与企业研发投入：激励效应还是挤出效应？——兼论管理决断权的调节效应[J]. 金融发展研究, 2022 (8): 38−47.

[17] 赵凯, 王鸿源. 政府R&D 补贴政策与企业创新决策间双向动态耦合与非线性关系[J]. 经济理论与经济管理, 2018 (5): 43−56.

[18] Hall B, Reenen J V. How effective are fiscal incentives for R&D? A review of the evidence[J]. Research Policy, 2000, 29(4/5):449−469

[19] Calel R, Dechezleprêtre A. Environmental policy and directed technological change: evidence from the European carbon market[J]. Review of Economics and Statistics, 2016, 98(1): 173−191.

[20] 严成樑, 胡志国. 创新驱动、税收扭曲与长期经济增长[J]. 经济研究, 2013 (12): 55−67.

[21] Paff LA. State-level R&D tax credits: A firm-level analysis[J]. B. E. Journal of Economic Analysis & Policy, 2009, 5(1): 266−291.

[22] Chen WM, Kim H, Yamaguchi H. Renewable energy in eastern Asia: Renewable energy policy review and comparative SWOT analysis for promoting renewable energy in

Japan[J]. Energy Policy, 2014, 74: 319−329.

[23] 马国臣, 李鑫, 孙静. 中国制造业上市公司投资——现金流高敏感性实证研究[J]. 中国工业经济, 2008 (10): 109−118.

[24] Martin B R. R&D policy instruments—A critical review of what we do and don't know[J]. Industry and Innovation, 2016, 23(2): 157−176.

[24] Marino M, Lhuiuery S, Parrota P, et al. Additionality or crowding-out? An overall evaluation of public R&D subsidy on private R&D expenditure[J]. Research Policy, 2016, 45(9):1715−1730.

[25] 王立勇, 房鸿宇, 谢付正. 中国农业保险补贴政策绩效评估: 来自多期DID 的经验证据[J]. 中央财经大学学报, 2020(9): 24−34.

[26] 何凌云, 马青山. 智慧城市试点能否提升城市创新水平?——基于多期DID 的经验证据[J]. 财贸研究, 2021, 32(3): 28−40.

[27] 刘波, 李志生, 王泓力, 等. 现金流不确定性与企业创新[J]. 经济研究, 2017, 52(3): 166−180.

[28] Beck T , Levine R, Levkov A. Big bad banks? The winners and losers from bank deregulation in the United States[J]. The Journal of Finance, 2010, 65(5): 1637−1667.

[29] Cantoni D, Chen YY, Yang DY, et al. Curriculum and ideology[J]. Journal of Political Economy, 2017, 125(2): 338−392.

[30] Adizes, I. Corporate Life Cycles: How and Why Corporations Grow and Die and What to Do About It[M] . Englewood Cliffs, NJ: Prentice Hall, 1988: 236−239.

[31] 刘诗源, 林志帆, 冷志鹏. 税收激励提高企业创新水平了吗?——基于企业生命周期理论的检验[J]. 经济研究, 2020, 55(6): 105−121.

[32] 黎文靖, 郑曼妮. 实质性创新还是策略性创新?——宏观产业政策对微观企业创新的影响[J]. 经济研究, 2016, 51(4): 60−73.

[33] 李金华. 中国高新技术企业的发展现实及政策思考[J]. 财经问题研究, 2020(9): 78−85.

第七章

财税政策与产学研
融合创新

高校作为经济社会机构的角色越来越重要，有证据表明高校在经济发展和企业竞争等方面贡献极大[1]。欧盟委员会的报告指出，产（企业）学（高校）间更深层次联系必不可少，这要求高校在国家创新系统中的作用发生结构性改变，并要求其管理和组织技能现代化。依此观点，高校不仅应"生产"新知识，而且该知识应与经济社会目标紧密联系。另外，政府因预算压力而减少对高校拨款的事实，激发高校对行业进行有价值的研究，并与企业界建立更紧密联系，以扩大合作机会。因此，高校应强化经济社会发展参与度，增加研究成果、专利和许可活动商业化，将衍生活动制度化并在与企业合作中引入学者的管理和态度[2]。产学融合（industry-university integration，IUI）这一新模式便应运而生，即科研、教育、生产不同社会分工在功能与资源优势上协同与集成化，在技术创新实现上、中、下游的深度对接与耦合。

产学融合与高校发展具有战略相关性，使后者更具获取外部资金的潜力[3]。高校研究质量是影响产学融合的关键，高水平高校对产业创新贡献更大，企业更愿与其合作[4]。研究表明，高校获取的政府资助与产出成正比，研究经费越多，产出或绩效水平将越高[5-7]。因此，政府资助与高校获取外部资金互补。若以企事业单位委托经费为衡量产学融合的核心指标，则政府资助会促进产学融合。若以"211"及省部共建高校为中央高校，其他本科、专科学校为地方高校，2007—2017年我国各级政府资助高校的科研经费及获取的企事业单位经费大体存在两种"三七开"现象：占比不足10%的中央高校获取约70%的政府资助，中央高校获准立项的科技项目占比约为50%、拨入竞争性经费占比达70%；中央高校获取企事业单位资金占全部科研经费的比例约为30%、占全部高校企事业单位资金的比例为70%左右[①]。以上事实是否表明我国政府对中央高校的偏向性资助促进了产学融合？若是，那么其作用机制是什么呢？

---

① 本部分数据来自历年《高等学校科技统计资料汇编》，并经过相应计算得到。

已有文献对产学融合的研究聚焦于两个方面：第一，以高校视角辅以案例研究产学融合对高校人才培养、研究激励、技术成果转化等影响[8-9]；第二，以企业视角分析产学融合的影响因素和传导机制[10-11]，或仅研究政府资助与企业资助的关系[12]。已有研究证明并强调产学融合的重要性，为产学融合形成提供有效技术路径。然而，科研体制的特殊性决定了研究产学融合应考虑科研经费的结构，即非竞争性经费和竞争性经费对高校研究者及团队影响的差异性。这是本研究尝试解决的问题之一。

第一节 制度背景

根据我国现行制度安排以及高校与政府间的行政隶属关系，政府对高校资助的科研经费分为竞争性经费和非竞争性经费两类。竞争性经费分配遵循的规则是课题制，主要是面向研究者个人的国家自然科学基金、国家社会科学基金以及省（市）及以下政府的各类研究项目，学者以课题形式申请经费，竞争的规则是同行评议，目的在于优化科研资源配置，推动科技进步。非竞争性经费又称为保障性经费，以定向方式、稳定地提供给高校和科研人员，旨在减轻竞争压力，以争取更多科研决定权和自主权。非竞争性经费分配并非平均主义，在保证普适性的前提下，做到针对性和稳定性，即依据研究者性质确定分配细节并保持稳定性。非竞争性经费来自科研事业费、主管部门专项经费和其他政府部门专项费，主要由教育部、科技部以及各级地方政府及其主管部门拨付。

一、行政隶属差异化与非竞争性经费差异

根据研究需要，本文将教育部直属高校（"211"和"985"高校）和其他省部共建高校统称为中央高校，其他高校为地方高校。截至 2018 年，我国中央高校数量为 113 所，占全部高校的 5.83%。相较于地方高校，中央高校的非竞争性经费除基本的科研事业费外，还有来自教育部的基本科研业务费，这部分经费稳定且持续增加。2009 年，中央财政设立中央高校基本科研业务费专项资金（简称基本科研业务

费），同时出台了《财政部、教育部关于中央高校基本科研业务费管理的意见》（财教〔2008〕233号）（以下简称《意见》）、《中央高校基本科研业务费专项资金管理暂行办法》（财教〔2009〕173号，以下简称《暂行办法》）。为加强对中央高校自主开展科学研究的稳定支持，进一步规范中央高校基本科研业务费的使用和管理，提高资金使用效益。2016年财政部、教育部制定并出台了《中央高校基本科研业务费管理办法》（财教〔2016〕277号），同时原《暂行办法》就此废止。这是在政策实践中建构二元资助体系的有益尝试。基本科研业务费设立的目的在于完善高校科研经费投入制度，提高高校的自主创新能力和高层次人才培养能力，支持中央高校青年教师和品学兼优且具有较强科研潜质的在校学生开展自主选题的科学研究工作。基本科研业务费的设立，从根本上改变了中央高校的自主科研经费配置及使用状况。

从具体实施情况看，教育部科技支出中约70%用于高校保障性经费，其余经费和科技部经费均以竞争性方式配置。如图7-1所示，2007年以来，中央高校数量占比持续下降[①]，截至2017年，占比约为5.83%，其非竞争性经费占比虽呈下降趋势，

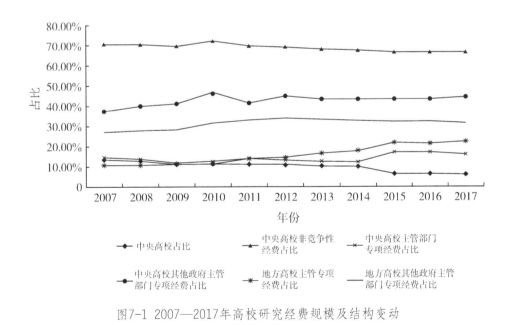

图7-1 2007—2017年高校研究经费规模及结构变动

① 主要原因在于高校总数量在增加，但是中央高校数量变化不大。

但是最小值仍高达 66.70%（其中 2010 年占比达 72.34%）。从高校内部非竞争性经费的结构看，来自主管部门专项经费占比呈较快增长趋势，地方高校涨幅更大。

显然，高校非竞争性研究经费中以专项经费为主；中央高校不论是非竞争性研究经费总量还是专项经费均占绝对比重。

二、高校竞争实力与竞争性经费差异

依竞争性经费设置目的及规则，科研实力愈强的高校将会获得更多竞争性经费，这将进一步增强高校实力。两类高校在竞争性项目及经费获取方面的差距非常显著。如图 7-2 所示，2007 年以来，中央高校立项的科技项目占比（占全部高校立项科技项目总数）虽然总体上处于下降趋势（由最高年份 2010 年的 51.30%，下降到 2017 年的 45.92%），但该比重基本维持在 50% 左右。与此相适应，中央高校当年拨入经费以及支出的竞争性经费占比均在 70% 左右。这表明，不足 10% 的中央高校获取了高达 70% 的竞争性经费。从立项科技项目和拨入经费的增速看，虽然地方高校的年均增速（分别为 8.68% 和 13.06%）略高于中央高校（分别为 7.40% 和 10.80%），但是短期内地方高校无法撼动中央高校的地位，高校之间的差距将会越来越大。

以上事实表明，偏向性政府资助使中央高校获取的非竞争性经费及竞争性经费远高于地方高校，高校间的实力差距可能进一步被拉大。

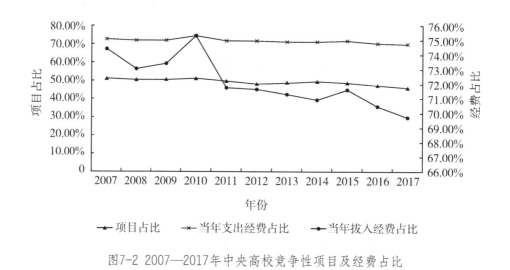

图7-2 2007—2017年中央高校竞争性项目及经费占比

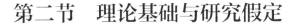

第二节 理论基础与研究假定

与早期"被动式"研究不同，当前更多高校及学术机构选择主动与市场和企业建立联系，进行更具市场性的研究，并基于功能互补和利益共享原则形成产学融合模式，这是高校与企业更高程度的关系链接。在该模式中，高校是学术基础和前提，起技术推动作用；企业是技术创新及应用基地，是产学融合的关键，起市场拉动作用。产学融合能以交互作用产生强大的学习效果，是企业乃至经济发展的助推器。

一、政府资助与产学融合的关系

基于国际视域看，几乎所有国家政府都对高校的科学研究进行资助，只是资助力度、方式存在差异而已。一方面，出于缓解政府财政压力以及提高研发资金使用效率的目的；另一方面，在日趋激烈的全球经济竞争压力下，各国政府开始重新审视高校在国家创新体系中的地位和作用，因此，政府开始向高等学校施压，要求它们从企业界筹集研究经费并为企业创新做出积极贡献。政府干预形式不一，但目标却极其相似，旨在推广以合同为导向的高校研究经费方法，通过引入（准市场）财务激励计划来间接控制高校的行为。这些政策意在提高研发资金的使用效率，增强高校的问责制和降低成本压力，后者与政府预算约束密切相关。尽管如此，政府资助仍然是高校研究经费的最主要来源，对高校科学研究的开展具有重要战略意义。2017 年，OECD 国家中高校获得企业研究经费仅占全部研究经费的 6%，我国高校的比重为 28.2%[①]。由于政府资助内容和方式必定要契合其目标，该目标不仅应与科学研究特殊规律密切相关，还应适应资助对象的特殊性，这就使得政府对高校的科研资助具有多重目标价值。从国家层面看，政府资助旨在使科技发展成为经济社会发展的有力支撑，以此解决经济社会等方面的问题，服务国家长远战略目标。从高校

---

① 数据来源：《2018 年高等学校科技统计资料汇编》（经过相应计算得到）。

层面看，以科学研究实现人才培养和知识创新目标，进而实现学术、教育、学科建设等全面发展。从研究者层面看，通过科学研究探索未知、改造世界以培养学生的学术能力，体现自身价值，提升自身的科研能力。另外，高校应激励并允许科研人员从事应用性研究，从而扩大资金渠道以缓解政府预算压力[13]。这种资金转向为高校与企业间的合作提供了现实的依据和空间。与此同时，企业也愿意借助高校人才、设备及其他方面优势，提高自身的技术创新水平，确立市场竞争优势，实现利润持续稳定增长。

产学融合对高校学术研究不仅无任何负效应，而且双方都能从合作中获益[14]。当然，其前提条件是学科之间有关联、研究驱动，拥有与行业不同关系类型的投资组合[15]，通过促进创新绩效的途径而获益[16]。削减政府对高校科研资助会影响其与企业合作以及获取外部资金的可能性，尤其是通过知识向产业转移的形式。相反，增加政府资助会强化产学融合，意味着高校需要政府资助以增加与行业高度相关的合作渠道的发生率[4,17]。因此，政府及企业对高校研究资助之间存在较强的互补关系。该观点具有较强的理论基础和经验证据。David & Hall[18]基于简单的两部门模型发现，当政府研发部门中科学家和工程师的劳动供给富有弹性，或者 R&D 的边际产品曲线相对平缓，即研发生产率不会随 R&D 预算增加而快速下降时，政府和私人 R&D 资助存在互补关系。这种互补关系可能来自资助 R&D 活动的学习和培训效果，这会使企业了解最新的科学知识，以提高自身 R&D 效率。当公共资金可用于建造测试设施、购买耐用研究设备以及承担组建专门研究小组的固定成本时，互补关系也会出现，因为所有这些情况都会降低企业 R&D 项目的增量成本[19]。政府资助具有强烈的信号效应—表明未来公共部门产品需求，其协同效应会提高针对市场创新的预期边际收益率，因此两者间的互补效应也会出现。

基于此，提出研究假定 H1：

H1 政府资助与私人资助之间具有明显的互补性，因此，政府资助有助于产学融合。

二、政府资助结构与产学融合

随着新公共管理运动的兴起以及全球技术经济竞争的扩大，人们越来越意识到采取激励和竞争机制的高校将更具效率和生产性。虽然我国高校获取竞争性研究经费的渠道与西方国家高校存在一定差异，但其基本原理和逻辑是一致的。竞争模式的核心价值在于优化科研资源配置，与市场经济的竞争理论密切相关，强调竞争性与效率优先原则，优先支持优秀研究者或研究方案，推动科学技术发展。显然，若将有限的研究经费给予最好的高校或研究者，则不仅能有高质量的产出，也会发挥较好的激励作用。实践证明，高等教育领域中面向个人的各类竞争性基金对我国高校科研工作产生了积极而深远的影响[20]。在比较政府的竞争性和非竞争性经费时发现，竞争性经费对个人及研究团队均具有较强的激励作用，会导致更有效率的产出以及增强其对政府资助资金的责任感[21]。另外，政府资助经费不应过于集中，而应充分考虑研究者、研究机构的研究能力以及他们自身的选择[22]。从研究成果的新颖性看，受竞争性经费资助的研究项目的成果（论文、专著等）更具新颖性；对于职称低、女性及排名较低高校的研究者而言，保障性研究经费会使其研究成果的新颖性相对较高[23]。

当企业为促进技术创新而必须依赖高校已有的物质基础或者因政府资助而聚集的专业研究团队时，或因市场竞争压力而填补企业内部研发不足或空白时，表明产学融合的基础是企业对高校物质及人力资本的倚重[19, 24]。高校的信号和声誉效应能解释两者之间的互补效应。外部投资者希望将资金配置给那些具有最高研究质量的高校，资金来源的任何一种渠道均表明研究质量的信息。同样，政府资助起到了展示高校研究质量的信号作用[25-26]。基于此，提出研究假定 H2 和 H3：

H2 企业基于高校的信号和声誉，并进行筛选、甄别而与高校合作。

H3 竞争性研究经费有助于产学融合，竞争性经费越多越有利于促进产学融合。

第三节　研究设计

本节构建政府资助与产学融合的实证模型并分析两者之间的关系。

一、变量定义及数据来源

文中被解释变量为产学融合，核心解释变量为非竞争性经费和竞争性经费。

产学融合（IUI），是高校与企业之间一种更紧密的链接，以企业为主体，并以产业引领前沿技术和关键共性技术为导向，聚焦产业上下游企业与高校的优势与能力，由企业向高校投入研究经费，以共商、共建、共享的方式与高校合作研究，促进彼此之间的协同。企业投入研究经费的多寡能较好刻画和衡量产学融合的深度与广度，因此书中以企业事业单位委托经费作为产学融合的替代变量，具体以高校研发人员人均占有企业事业单位委托经费来衡量。

以科研事业费、主管部门专项费及其他政府部门专项费等形式拨入的高校科研经费作为非竞争性经费（govfund）的替代变量，具体以高校研发人员人均占有政府资金衡量。竞争性经费（comfund）从高校科研经费中以竞争性课题获得的、当年实际拨入经费代替，具体以高校研发人员人均占有该经费衡量。非竞争性经费和竞争性经费之和为政府对高校科研资助总额（tgovfund），以高校研发人员人均值衡量。另外，以非竞争性经费占全部科研经费之比（govfund_ratio）作为非竞争性经费的另一衡量指标。

控制变量包括高校特征变量和省份特征变量。其中，高校特征变量包括：学术论文（paper）以高校当年在国内外期刊上公开发表的学术论文数量衡量；研发人员（rd）以高校当年研发与发展人员总数衡量；研发人员全时当量（rdtime）以高校当年研究与发展人员中全时当量人员代替；高级职称占比（zhicheng_ratio）以高校当年研究与发展人员中高级职称占比代替；技术转让收入（transrevnue）以高校当年获得的技术转让收入衡量。

省份特征变量包括：高校所在省份人均GDP（prgdp）以当年人均GDP衡量；每万人拥有的工业企业数（companyno）以所在省份每万人拥有的企业数量衡量；新产品销售收入占比（newproduct）以高校所在省份新产品销售收入占该省的GDP衡量。

文中所有数据均源于2008—2018年《高等学校科技活动统计资料汇编》《中国科技统计年鉴》《中国财政年鉴》和《中国工业统计年鉴》，价格变量均以2007年为不变价格换算而来，而且所有变量均取自然对数。

二、方法选择及模型构建

本节选择2007—2017年111所"211"及省部共建高校（中央高校）作为研究样本[①]。除采用固定效应分析外，还运用系统广义矩（system GMM）方法进行估计，选用Hansen J统计量检验GMM方法工具变量的可靠性，消除由于被解释变量造成系数估计上的偏误及部分变量存在的内生性问题。基准模型为：

$$\ln \text{IUI}_{it} = c + \alpha_i \sum X_{it} + \beta_i \sum Z_{it} + u_i + \varepsilon_{it} \qquad (7-1)$$

其中，α_i和β_i分别为待估系数，X_{it}和Z_{it}分别为解释变量和控制变量，u_i和ε_{it}分别为随时间变化的高校个体特质和随高校个体与时间改变的扰动项。$i = 1, 2, \cdots, 111$；$t = 2007, 2008, \cdots, 2017$。为减少数据波动及消除异方差等，模型中所有数据均取自然对数。

第四节 实证分析

一、基准回归分析

表7-1中列（1）为面板数据的固定效应回归，列（2）为OLS估计，列（4）~列

[①] 在此期间，由于部分高校因隶属关系变更或评估进入或退出该层次，或者因进入该层次时间较短，最终选择了111所高校作为研究样本。

（7）为依次加入其他控制变量的 GMM 估计。实证结果表明，Arellano-Bond 统计量 AR（2）的 p 值均大于 0.1，说明系统 GMM 估计量具备一致性，模型不存在二阶自相关。Hansen J 统计量对应的 p 值均在 0.1 以上，接受了工具变量不存在过度识别的原假设，说明所选工具变量在整体上是合理有效的。因此，模型设定合理，估计结果可靠性较强。

表7-1 政府资助与产学融合

变量	固定效应和 OLS 估计		GMM 估计				
	（1）	（2）	（3）	（4）	（5）	（6）	（7）
L.lncomfund	0.220*** （3.56）	0.786*** （30.13）	0.363*** （3.01）	0.389*** （3.47）	0.350*** （3.12）	0.362*** （3.39）	0.326*** （3.09）
lntgovfund	0.696*** （7.13）	0.254*** （5.72）	0.593*** （5.67）	0.544*** （6.30）	0.484*** （5.03）	0.423*** （4.18）	0.380*** （3.15）
zhicheng_ratio	0.493** （2.33）	0.276** （2.16）	—	0.891*** （3.37）	1.162*** （3.92）	1.198*** （3.91）	1.301*** （3.31）
lnpaper	0.182** （2.37）	0.0223 （0.94）	—	—	0.175*** （2.87）	0.154** （2.34）	0.169** （2.00）
lncompanyno	0.131 （0.68）	0.0225 （1.42）	—	—	—	0.115** （2.36）	0.0989* （1.75）
L.lnprgdp	−0.592 （−1.46）	−0.00570 （−0.15）	—	—	—	0.0791 （0.56）	0.141 （0.98）
lntransrevnue	0.00789 （0.76）	0.00846 （0.94）	—	—	—	—	0.0168 （1.26）
_cons	2.256 （0.70）	−1.209*** （−2.81）	−0.925** （−2.16）	−1.402*** （−3.17）	−2.466*** （−4.32）	−3.916*** （−2.91）	−4.311*** （−2.83）
N	844	844	1024	1009	989	963	839
R^2	0.439	0.858	—	—	—	—	—
AR（2）	—	—	−0.304 （0.761）	−0.304 （0.718）	−0.304 （0.660）	−0.304 （0.712）	−0.304 （0.764）
Hansen J	—	—	53.35 （0.461）	53.35 （0.493）	53.35 （0.556）	53.35 （0.601）	53.35 （0.297）

注：*、**和***分别表示在10%、5%、1%水平上显著；括号内数值为 t 值；AR（2）、Hansen J 统计量括号内数值为 p 值。

在控制高校特征变量及高校所处省份特征变量后，固定效应估计和 OLS 估计的结论表明，政府资助在 1% 的置信水平下显著促进产学融合。在依次加入控制变量后，运用 GMM 估计也能得到类似的结论。这表明，政府对高校科研资助与企业资助之间存在显著的互补性，政府资助能极大促进产学融合。这也再次证实，政府对高校科研资助不仅具有强烈的、积极的信号作用，更能增加高校获得外部资金的可能性，以及与行业高度相关的合作渠道的发生率。因此研究表明，假定 1 得以证实。另外，滞后 1 期的产学融合程度会显著影响企业当期决策，是企业与高校产学融合决策的重要决定指标。高校研究人员中高级职称者不仅反映其技术水平高、工作能力强，而且更代表着较高的学术水平和研究能力，还是身份和地位的象征。相应地，高级职称者占比越高，能很好地体现高校整体研究实力强，对企业与其合作及融合更具吸引力，因此该指标对产学融合具有正向促进作用。

若将政府资助分为竞争性经费和非竞争性经费，在控制相关特征变量后，再次进行相应估计后得到如表 7-2 中所报告的结论。两类不同属性的经费与产学融合之间的关系截然不同：非竞争性经费与产学融合存在显著负相关关系，竞争性经费则会极大促进产学融合。因此，两类经费之间存在显著的替代关系。从两类经费系数的绝对值看，竞争性经费系数要远大于非竞争性经费系数的绝对值，因此，政府资助的正效应主要是由竞争性经费的积极作用推动的。在我国当前的科研体制下，一方面，竞争性课题及其拨入经费对高校研究者个人及团队确实发挥着较强的激励作用，使其责任感更强、创新动力更足、研究成果也更加丰硕；另一方面，竞争性课题及其经费的多寡既能体现高校整体研究实力，也能反映其在特定研究领域的地位和成就，这可能是吸引企业与其合作研究的关键推动力量。因此，竞争性经费越多，将越有利于产学融合，研究假定 3 得以证实。

表7-2　竞争性经费、非竞争性经费与产学融合

变量	固定效应和 OLS 估计		GMM 估计		
	（1）	（2）	（3）	（4）	（5）
L.Incomfund	0.150*** （2.77）	0.650*** （16.64）	0.227** （2.19）	0.197** （2.51）	0.291*** （4.62）

续表

变量	固定效应和 OLS 估计		GMM 估计		
	（1）	（2）	（3）	（4）	（5）
lngovfund	−0.383*** （−3.29）	−0.287*** （−4.51）	−0.596*** （−5.49）	−0.337* （−1.84）	—
govfund_ratio	—	—	—	—	−1.698*** （−3.98）
lncomfund	1.126*** （6.66）	0.644*** （6.26）	1.433*** （7.89）	1.026*** （3.67）	0.706*** （6.39）
zhicheng_ratio	0.330 （1.53）	0.180 （1.42）	—	0.845 （1.50）	0.314 （0.95）
lnpaper	0.146** （2.10）	0.0291 （1.26）	—	0.0272 （0.56）	0.0901 （1.42）
lncompanyno	0.0720 （0.40）	0.0140 （0.96）	—	0.178* （1.93）	0.0325 （0.93）
L.lnprgdp	−0.260 （−0.69）	−0.00452 （−0.12）	—	0.114 （0.62）	0.0238 （0.24）
lntransrevnue	0.00589 （0.61）	0.0104 （1.22）	—	0.0152 （0.87）	0.0155 （1.28）
_cons	0.0440 （0.01）	−1.093*** （−2.74）	−1.545*** （−5.18）	−4.046** （−2.25）	−1.743 （−1.48）
N	839	839	1024	831	844
R^2	0.514	0.874	—	—	—
AR（2）	—	—	−0.847 （0.397）	−0.310 （0.757）	−0.155 （0.876）
Hansen J	—	—	60.25 （0.230）	98.12 （1.00）	90.93 （1.00）

注：*、**和***分别表示在10%、5%、1%水平上显著；括号内数值为 t 值；AR（2）、Hansen J 统计量括号
　　内数值为 p 值。

二、稳健性分析

　　为进一步分析上述研究结论的稳健性，将研究样本区分为"211"及"985"高校，"双一流"建设高校和其他高校，以及按高校所在地区（东、中、西部地区）进行分组回归。表 7-3 中的结论可再次印证政府资助及竞争性经费对产学融合的正向促进作用，该

结论是稳健的。不同之处在于，"985"高校、"双一流"建设高校以及位于东部地区高校的竞争性经费对产学融合的促进作用更大，并且彼此之间的差距较大。"985"高校与"双一流"建设高校具有较大的重复性，且入选高校均是历史悠久、学科门类齐全，在各类高校排名中均处于前列。当然，出于种种原因，"985"高校与"双一流"建设高校大多位于东部及沿海发达地区，中、西部地区则相对较少。这种实力、声誉以及地区间高校数量上的差距，必然导致竞争性经费对产学融合的差异。

表7-3 稳健性分析

变量	"985"	其他	"双一流"	非"双一流"	东部	中、西部
	（1）	（2）	（3）	（4）	（5）	（6）
L.lncomfund	0.147 （0.86）	0.184** （2.48）	0.171 （1.58）	0.199** （2.31）	0.104 （1.37）	0.358*** （4.20）
lngovfund	−0.736*** （−3.78）	−0.0636 （−0.36）	−0.650** （−2.25）	−0.0886 （−0.46）	−0.503* （−1.94）	0.0471 （0.23）
lncomfund	1.491*** （5.54）	0.664** （2.43）	1.836*** （6.79）	0.714** （2.50）	1.479*** （3.60）	0.873*** （3.35）
zhicheng_ratio	0.0580 （0.11）	1.062** （2.02）	−0.753 （−1.14）	0.883 （1.64）	0.555 （0.74）	−0.232 （−0.32）
lncompanyno	0.0475 （0.68）	0.0717 （1.10）	0.00556 （0.10）	0.0850 （1.23）	0.0420 （0.52）	0.00907 （0.12）
lnpaper	0.0686 （1.09）	0.237** （2.25）	0.0456 （0.48）	0.219* （1.82）	−0.0295 （−0.29）	0.0527 （0.47）
lnprgdp	−0.254 （−1.42）	0.351* （1.72）	−0.405* （−1.87）	0.283 （1.33）	0.428 （0.84）	−0.590 （−1.62）
lntransrevnue	0.0147 （0.63）	0.0208 （0.97）	0.00778 （0.46）	0.0202 （0.89）	0.0135 （0.65）	0.0328 （1.56）
_cons	0.954 （0.47）	−7.077*** （−3.28）	1.191 （0.56）	−6.379*** （−2.70）	−7.199 （−1.20）	3.263 （0.94）
N	299	532	313	518	446	385
AR（2）	−0.928 （0.354）	0.678 （0.498）	−1.034 （0.301）	0.693 （0.489）	−0.528 （0.598）	−1.338 （0.181）
Hansen J	7.249 （0.123）	10.77 （0.549）	13.29 （0.348）	11.90 （0.454）	32.69 （0.813）	10.76 （0.550）

注：*、**和***分别表示在10%、5%、1%水平上显著；括号内数值为t值；AR（2）、Hansen J 统计量括号内数值为p值。

三、作用机制分析

理论上看，产学融合是高校和企业均受益的一种合作共赢模式，企业寻求与高校合作以借助高校在人力、物力及声誉等方面的优势，提高自身的技术创新水平。当然，这种共赢模式取决于高校与企业之间的需求和意愿。对企业而言，必须结合自身所面临的市场环境及多方面权衡后，通过筛选、甄别并最终选择合作高校。一方面，公开的出版物尤其是学术论文被企业视为重要思想和创新灵感来源的重要渠道，企业通过学术论文来确定高校的研究能力以选择合适的研究人员。另一方面，竞争性课题立项数及竞争性科研经费数量，是衡量高校研究能力、竞争力乃至综合实力的关键性指标。如前文所述，近10年来中央高校年均获得超过50%科技项目及项目经费。因此，公开发表的学术论文以及竞争性经费是高校体现研究能力和学术质量的信号[11]，尤其是竞争性经费数量的信号作用更强烈也更容易被外界识别，企业因此筛选、甄别合作意向高校的成本会更低，达成合作意向的概率将更高。基于此，构建以学术论文为中介变量的计量模型，识别学术论文和竞争性经费对产学融合的作用机制。

$$\ln paper_{it} = c_1' + \alpha_1' \ln govfund_{it} + \beta_1' \ln comfund_{it} + \theta_i \sum Z_{it} + \epsilon_{it} + \zeta_{it} \qquad (7-2)$$

$$\ln IUI_{it} = c_2' + \alpha_2' \ln govfund_{it} + \beta_2' \ln comfund_{it} + \phi_i \ln paper_{it} + \theta_i' \sum Z_{it} + \epsilon_{it}' + \zeta_{it}' \quad (7-3)$$

表7-4中所报告的信息表明，竞争性经费通过学术论文对产学融合的间接效应为0.0163，竞争性经费的直接效应为1.24，竞争性经费的总效应为1.26，学术论文的中介效应占比为1.3%，竞争性经费的直接效应占比达98.7%。因此，一方面，政府资助以学术论文为中介促进产学融合；另一方面，竞争性经费对产学融合具有极大的促进作用。假定2得以证实。

非竞争性经费对学术论文的作用为负且不显著，这意味着非竞争性经费对高校学术论文产出作用甚微，不仅仅无法以此为中介影响产学融合，甚至对产学融合产生较显著的抑制作用。其中的原因可能是：其一，非竞争性经费为高校研究者的基础研究提供保障，这在一定限度上缓解了高校的预算压力，甚至可能打消研究者个人积极寻求与外部企事业单位等合作者的动力和积极性；其二，非竞争性经费过于注重保障而未突出激励和奖惩作用，即主要关注高校青年学者的基础研究，而未设置一定的奖惩措施，导致非竞争性经费的科研产出水平和质量不高，难以发挥有效的激励作用。鉴于此，设立并实施10多年的中央高校基本科研业务费有必要认真审视，其绩效水平也需要重新评估。

表7-4　作用机制分析

变量	（1）	（2）
lngovfund	−0.0733 （−1.51）	−0.338*** （−2.71）
lnketi	0.0819* （1.73）	1.240*** （8.69）
lnpaper	—	0.199*** （2.67）
_cons	7.463*** （48.34）	−2.477*** （−3.43）
N	1171	956
R^2	0.261	0.521

注：*、**和***分别表示在10%、5%、1%水平上显著；括号中数值为t值。

第五节　研究结论及政策启示

总体上看，偏向于中央高校的政府资助对产学融合发挥了较为显著和积极的促进作用。从政府资助结构看，竞争性经费对产学融合的促进作用极强，但非竞争性经费对产学融合却表现出抑制作用。从作用机制看，竞争性经费经由学术论文而对产学融合产生促进作用，但学术论文的中介效应较小，竞争性经费的直接效应更大，表明高校以竞争性经费和公开发表的学术论文为信号，其中尤以前者更为强烈。另外，非竞争性经费可能因为过于强调"保障性"而未有较高的科研绩效水平，因而无法促进产学融合。因此，政府对高校科研资助政策有必要进行调整和优化。

（1）继续加大政府对高校科研资助力度。这不仅有助于为高校科研工作者提供良好的科研条件，而且有助于促进产学融合，为进一步反哺高校并为全社会科技创新、增强企业技术竞争力提供强有力支撑。

（2）优化政府对高校科研资助结构。中央政府层面可考虑加大对国家自然科学基金、国家社科基金以及其他国家和部属科研项目资金的支持力度，提高项目立项率，扩大项目覆盖面，确保更多研究者能获得高级别项目资助。另外，除继续对西部高校保持倾斜性资助外，可考虑将其他地方高校纳入该资助范围，或者可设立地方高校科研项目专项，使更多有潜力的地方高校科研工作者能在科研资金支持和激励下从事研究工作并取得高质量研究成果。各省及下级政府可为地方高校设立专门的研究项目，在立项数量上给予地方高校更多倾斜。

参照中央高校科研业务费的管理办法，教育部可制定针对地方高校科研业务费的基本办法，各省、自治区、直辖市及下级政府依据当地经济发展水平、所在区域内或所属地方高校的实际情况制定实施细则，一方面，加大对地方高校科研资助力度，发挥对科研工作者的激励和保障作用；另一方面，以科学有效的奖惩制度规范、约束并提高受资助高校科研绩效水平。

（3）鼓励企业与高校进行深度融合。一方面，政府可搭建高校与企业的信息共享平台，便于彼此获取相关信息，为产学融合创造条件和机会；另一方面，制定相关财税政策，例如提高对企业技术创新的补助力度，给予企业对高校科研资助资金、技术转让、吸收等税收优惠，从政策上激励企业参与产学融合。

（本章基于笔者论文《偏向性政府科研资助与产学融合：经验证据与作用机制》做了必要的调整和修改而成。）

参考文献

[1] Florida R. Engine or Infrastructure? The University Role in Economic Development[M].

Cambridge, MA: MIT Press, 1999: 589−610.

[2] Van Looy B, Ranga M, Callaert J, et al. Combining entrepreneurial and scientific performance in academia: towards a compounded and reciprocal Matthew effect?[J]. Research Policy, 2004, 33 (3): 425−441.

[3] Cohen W, Florida R, Randazzese L, et al. Industry and the academy: Uneasy partners in the cause of technological advance[M] // Noll RG (Ed.), Challenges to Research Universities. Washington D.C.: The Brookings Institution, 1998:171−200.

[4] Mansfield E. Academic research underlying industrial innovation: sources characteristics and financing[J]. Review of Economics and Statistics, 1995, 77(1): 55−65.

[5] 沈立宏, 赵怡. 基于数据包络分析的地方高校科研绩效评价[J]. 高等工程教育研究, 2016(3):147−151.

[6] Agasisti T, Haelermans C. Comparing efficiency of public universities among European countries: different incentives lead to different performances[J]. Higher Education Quarterly, 2016, 70(1): 81−104.

[7] Gralka S. Persistent inefficiency in the higher education sector: evidence from Germany[J]. Education Economics, 2018, 26(4): 373−392.

[8] 陈滢, 欧岩亮, 管刚. 产学融合2.0模式下的人才能力提升探索——基于三实APEX方法的案例分析[J]. 高等工程教育研究, 2019 (6): 73−77.

[9] Silva DRDM, Lucas LO, Vonortas NS. Internal barriers to innovation and university-industry cooperation among technology-based SMEs in Brazil[J]. Industry and Innovation, 2020, 27(3):235−263.

[10] Fuentes CD, Dutrenit G. Best channels of academia-industry interaction for long-term benefit[J]. Research Policy, 2012, 41(9):1666−1682.

[11] Maietta OW. Determinants of university-firm R&D collaboration and its impact on innovation: a perspective from a low-tech industry[J]. Research Policy, 2015, 44(7):1341−1359.

[12] Muscio A, Quaglione D, Vallanti G. Does government funding complement or substitute private research funding to universities?[J]. Research Policy, 2013, 42(1):63−75.

[13] Beath J, Owen R, Payago-Theotoky J, et al.Optimal incentives for income-generation in universities: the rule of thumb for the Compton tax[J]. International Journal of In-

dustrial Organization, 2003, 21(9):1301−1322.

[14] Thursby J G, Thursby M C. Faculty participation in licensing: implications for research[J].Research Policy, 2011, 40(1):20−29.

[15] Perkmann M, Walsh K. The two faces of collaboration: Impacts of university-industry relations on public research[J]. Industrial and Corporate Change, 2009, 18 (6):1033−1065.

[16] Kobarg S, Stumpf-Wollersheim J, Welpe IM. University-industry collaborations and product innovation performance: the moderating effects of absorptive capacity and innovation competencies[J]. The Journal of Technology Transfer, 2018, 43 (6): 1696−1724.

[17] Dechenaux E, Thursby J, Thursby M. Inventor moral hazard in university licensing: the role of contracts[J]. Research Policy, 2011, 40 (1): 94−104.

[18] David PA, Hall BH. Heart of darkness: modeling public-private funding interactions inside the R&D black box[J].Research Policy, 2000, 29 (9):1165−1183.

[19] David PA, Hall BH, Toole AA. Is public R&D a complement or substitute for private R&D? A review of the econometric evidence[J]. Research Policy, 2000, 29 (4−5): 497−529.

[20] 王建华. 竞争性与非竞争性——政府部门高教经费投入的一个分析框架[J]. 中国地质大学学报(社会科学版), 2010, 10(1):13−19.

[21] Auranen O, Nieminen M. University research funding and publication performance: an international comparison[J]. Research Policy, 2010, 39(2): 822−834.

[22] Fedderke JW, Goldschmidt M. Does massive funding support of researchers work? Evaluating the impact of the South African research chair funding initiative[J]. Research Policy, 2015, 44(2): 467−482.

[23] Wang J, Lee YN, Walsh JP. Funding model and creativity in science: competitive versus block funding and status contingency effects[J]. Research Policy, 2018, 47(6):1070−1083.

[24] Muscio A, Pozzali A. The effects of cognitive distance in university-industry collaborations: some evidence from Italian universities[J]. Journal of Technology Transfer, 2013, 38(4): 486−508.

[25] Fontana R, Geuna A, Matt M. Factors affecting university-industry R&D projects: the importance of searching, screening and signaling[J]. Research Policy, 2006, 35(1): 309−323.

[26] Blume-Kohout ME, Kumar K, Sood N. Federal life sciences funding and university R&D[R]. NBER Working Paper Series, 2009.

[27] 王春元, 于井远. 偏向性政府科研资助与产学融合: 经验证据与作用机制[J]. 科学学研究, 2021, 39(11): 2024−2034.